治 癒 內 心 的 傷 痛

FORGIVE
and FORGET

Healing the Hurts We Don't Deserve

寬恕

是真的可以嗎？

enlighten & fish 亮光文化

蔡元雲醫生
香港「突破匯動青年」會長

　　這是 Lewis Smedes 的著作中我最喜愛的一本,而且對我的生命影響深遠;因此我也不斷在不同場合推介這本書。

　　每個人在成長歷程中都會與身邊的人相處中出現磨擦、矛盾、甚至彼此傷害——越是親近的人更多關係上的衝突。最親的人往往造成最深的創傷,我和父親的關係因為信仰的問題開始出現裂痕,後來我從行醫改當青年工作者,他更是不能接受,因此大發雷霆。父親一直是我心目中最重要的人物之一,因此我覺得心中受創。

推薦序 蔡元雲醫生

寬恕，是真的可以嗎？每個人心中深處的人際關係裂痕；這本書描述的過程正是我的經歷：我覺得自己受創，受傷會導至怨恨——因此自己先要接受神的醫治及寬恕，才能踏上康復之路。而且，兩個人都要先後經歷醫治和寬恕，才能彼此寬恕和復和。我和父親復和之路長達三十年，直至父親也信主，才能全然復和。

這是每個人都需要細讀、反思的書；有助勇敢面對自己的傷痕及人際關係的決裂——一個「記仇」的人內心一定失去心靈的平安，只有在神面前經歷被寬恕，再學習寬恕曾經傷害過自己的人。寬恕，是真的可以嗎？，忘記才能活得自由。

寬恕，是一帖藥

施以諾博士

輔仁大學醫學院職能治療學系專任教授

　　我很喜歡一個故事，講到有位長期以來一直有情緒困擾的白領上班族，來到一位精神科治療師所開設的治療所尋求協助，然而，這位精神科治療師試了很多的介入方式，卻都無法有效改善這人在情緒方面的困擾。但那位上班族倒也挺有恆心，每個月固定回診。

　　這一次，他回診時表現得很不一樣，臉上的笑容變得自然、輕鬆了，許多身心症狀的評估也發現他的身心狀況有明顯的改善！然而，過去的這一個月，他的治療師從未改變過任何的介入方式或給予新醫囑。

治療師既驚訝又納悶，是什麼讓這個長期受到情緒障礙困擾的上班族，在這麼短的時間內改善了症狀？他追問那上班族究竟發生了什麼事？那上班族自己也不明究理，想了好長一段時間，才猛然意識起，並回答：「這個月，我決定去寬恕了一個我恨惡了好久的人，並與他和好。」治療師立時恍然大悟。

我一直很喜歡這個故事，我也相信：寬恕，是一帖藥！的確可以帶來很大的療癒力。亮光文化出版的這本《寬恕，是真的可以嗎？》就是一本極具療癒力的好書，我們需要寬恕的人很多，不只是對我們的敵人，有時我們心中最難以寬恕的也可能包括了我們的家人、摯友，家人、摯友曾經有心無心的一句話，曾對我們造成了很大的陰影，我們不說，我們也不願再提，但我們卻從沒有忘記，這些往事也常造成我們與家人、摯友們相處上的隔閡。

FORGIVE and FORGET
寬恕，是真的可以嗎？

　　很多人說，時間是最好的良藥，時間久了就忘了，也就能釋懷了；然而，在實際上，不知有多少人幾十年後對當初的往事從未真正釋懷過。本書顛倒了上述這樣的邏輯順序，本書強調先懂寬恕，才能真正忘記。書中有些篇章寫得相當扎心，包括「那些看不見的隱形人」、「那些生命中的猛獸」等，用隱形人、猛獸來形容我們記憶中某些曾傷害過我們的人，以及該些事件對我們心靈健康所造成的破壞力，真是寫得非常傳神。

　　寬恕，是一帖藥！每個人的生命歷程中或多或少都受了傷，除了消極的等待遺忘，我們更需要積極的學習寬恕，才是治本之道。

吳永成牧師

火把教會主任牧師

　　擔任牧師的這些年，有許多機會到醫院探訪弟兄姊妹和他們的家人，通常臨終病人最大的遺憾，不是在職場上或事業上的失敗而是與重要家人之間的嫌隙，始終沒有被正視以及得到解決，以至於失去了與家人的親密關係。寬恕與忘記是非常重要的人生議題，因為人人都受過傷，我們都需要得到醫治，這與我們被冒犯後的選擇息息相關。

　　約瑟是聖經裡一個非常特別的人物，身為父親最寵的兒子，他先是被哥哥們丟在坑裡然後輾轉賣到埃及為奴，之後又被主人波提乏的太太陷害，以強暴犯的罪名下在監裡。然而當他功成名就，成

為法老宰相之際，他沒有選擇報復，從他給孩子所取的名字可以略見端倪，他給長子起名為瑪拿西，意思就是「使之忘了」其實就是寬恕與忘記；給次子起名為以法蓮，就是「使之昌盛」的意思，先有寬恕和忘記，才有後面的昌盛。

　　寬恕是選擇而忘記是結果。

　　鄭重推薦這本書，期待神的兒女們，從這本書裡得著亮光，不只跟神有美好的關係，也跟我們的家人有親密的關係。

寬恕與遺忘：值得一個上帝之死的良方

李志鴻博士

亞洲大學心理學系副教授
改革宗長老會忠孝教會牧師

世界常常不聽你、不合作，反對你，面對惹厭的疏離與反對，我們何其孤獨、不解、埋怨與咒罵；越是心底不能放過，就受傷、痛楚更深，苦毒、控訴更重，甚至離恨意、離殺心，或竟僅一步之遙。這種恨意不是討厭一個人、一件事，而是巴不得事未曾有、人未曾在，甚至自己未曾出生。史密德傾聽著這些不解與不諒解，企圖從生命的經驗尋找形貌相似的片段，有時找著、有時不得，但熟悉的傷痕卻從來不缺席。

我們看不懂、也不想看懂世界。何以是我要了解、體貼、寬諒她，而不是她來理解我、體貼我、寬諒我呢？我們一直都與世界互相反對，即使是造物主，也未曾從我們收獲一絲的合作與順從。不能如魚得水、又逢事與願違，這種不得和解幾乎是註定的；事實上，

只要相信自己值得，你就饒不過這個世界。我們堅信自己正直良善，卻絲毫不顧對某些人來說，我們正是反對者、違逆者、冤仇者。沒錯，我們與世界之間只有冤仇，與其中一切的人事物、甚至與上帝之間，也是如此。

我喜歡史密德的筆觸（也許也和譯者有關），他訴說著每一個等候化解、轉折的故事，且其中有些迎來了觸動人心的洞察：當愛穿過一切，直送內心，那些幽微深長的冤仇竟然如此脆弱稀薄。是的，我們無法愛，直到被愛擁抱；無法寬恕，直到領受赦免；愛與赦免推轉了我們的視線，直視自己毫無邊界的羞恥、痛徹心扉的後悔，直至在靜肅的凝望中流瀉一絲莞爾的自嘲：啊，真是該死呀。

上帝與你我的冤仇，用祂兒子的死償付或化解。這個基督教救恩故事的原型是一個隱喻：這故事不只發生神人之間，也發生在所有的流浪者與守候者、背叛者與寬赦者、傷病者與醫治者、失怙者與安慰者，乃至於愛與被愛者之間。冤仇如影隨形、不曾消散，如何能突穿、如何能瓦解？如何與那些愛你卻力有不及的親人、與無愛卻不能無礙的路人，也與恨你、欲置之死地的仇人之間達成和解、重新連結？你我終究發現，得先被愛，然後能愛人；被愛挽回，然後能為愛犧牲。發現自己面目可憎，是一個很好的起點，發現蒙恩與赦免，是一個重要的轉折，發現自己以愛之名做出了赦免的犧牲，則對來自彼端的愛做出回應，也收穫了一個超凡入聖的自我。

寬恕，然後遺忘，這真是良方，卻無法寫在紙條上傳給你。

導讀

區祥江博士

香港中國神學院研究院輔導科教授

　　若你對寬恕有一定的關注和認識的話，Lewis Smedes 史密德你一定不會陌生。因為他這本經典作品《寬恕，是真的可以嗎？》（Forgive and Forget）出版後，不單登上紐約的暢銷書榜，之後有關寬恕課題的書都一定引用他的書的內容，或邀請他作他們作品的推薦人，他在這方面的貢獻和地位是不容置疑的。

　　筆者有幸在富勒神學院（Fuller Theological Seminary）讀婚姻家庭治療時，上過他的課。他是一個個子高大、說話風趣幽默的神學和倫理學家，但他的筆觸絕對不說教或過於宗教味重。他是一個善於說故事的高手，在書內充滿不少有血有淚的真實故事，像集中營受迫害的人要寬恕的難，連他自己失去女兒的傷痛及他們夫婦對神憤怒的真實故事，他也娓娓道來。看到這些真實故事的掙扎，讓讀者有借鏡的作用，也看到一些人看來難以寬恕的例子，他們都能透

過寬恕的歷程，自己得到釋放。看到有不少人比自己更艱難、更難去寬恕，讀者從中會有一種昇華的作用。

　　或許有一些抱著看 self help 自助書心態的讀者，可能因看不到一些一、二、三、四的步驟建議而失望，史密德較像一個導遊，他告訴我們寬恕是有不同的階段，包括受傷、憎恨、醫治和復和四個階段。不少人很難接受和承認自己會憎恨人，容易就卡在那一個階段，未能進到醫治的階段。史密德是個很擅長用文字表達的人，他弄清不少我們對寬恕錯誤的觀念。例如，寬恕不是為對方找藉口、不是息事寧人、不是接納和容忍。

　　他看寬恕是：

"Forgiving is love's revolution against life's unfairness. When we forgive, we ignore the normal laws that strap us to the natural law of getting even and, by the alchemy of love, we release ourselves from our own painful pasts."

　　史密德是一個生命細緻的觀察者，他沒有美化寬恕或認為寬恕是一件容易的事，例如他舉了不少我們難以寬恕的對象，包括那些隱蔽的人（invisible people）、那些根本不介意我們會否寬恕他們的人、還有那些已去世的父母，甚至一個機構或不公平的執法者給我們的傷害，那都不容易談寬恕的，當然也包括寬恕神和自己。

　　筆者是一個輔導員，與不少受過傷的朋友經歷寬恕的掙扎，所以，看到第三章有很大的共鳴，史密德筆下如何能夠寬恕的過程，是十分中肯和合乎人性的。單看標題也可以知道，其實寬恕是一個漫長的過程、一點一滴透過增進對傷害我們的人的了解，讓我們較容易去寬恕、不少時候我們內心是十分混亂的，而寬恕並不代表憤怒就會一掃而空、最終是寬恕人的得到寬恕帶來的最大自由和釋放。正如他所言："When you release the wrongdoer from the wrong, you cut a malignant tumor out of your inner life. You set a prisoner free, but you discover that the real prisoner was yourself."(P.133)

看完這本書，應該會給我們這樣的反省，我們人性也有一些敗落的地方，史密德也帶我們看到，易地而處，我們也曾傷害過身邊的人，造成別人的傷害。我們並不是絕對的無辜。我們若能從這個角度來看曾經傷害過我們的人，我們或許能夠多一點寬容。

寬恕是一個不容易走的旅程，史密德擴闊我們對寬恕的了解，他給我們一雙新的神奇的眼睛（magical eyes）去看傷害我們的人、看自己。希望你能夠從閱讀中放下一點點怨恨、多一點恩典。

史密德在書的初段給我一個能開始寬恕的指標："You will know that forgiveness has begun when you recall those who hurt you and feel the power to wish them well."(P.29) 是的，祝願他們好。我也祝願你好。我們就是在饒恕和被寬恕的過程學習如何做人。寬恕是一門做人的功課呢！史密德確實是一位很好的老師。

◆

前言
Foreword

　　我曾聽作家說過，自己寫的書就像長大離家的孩子。這些作家覺得失去了對孩子主控權，但又不確定孩子能否生存。孩子好像最後往往會做出令父母不可置信的事情。當我完成《寬恕，是真的可以嗎？》這本書後，也有相同的感受。我的孩子在這個關鍵時刻前途渺茫，做出了我想都不敢想的事情。

　　然而，有些書卻帶著一個應許，預備要安慰受傷乾涸的心靈沙漠。在文字的表面下，擁有一股隱藏的力量，會在某個時刻爆發。當文字被閱讀的一刻，深深地影響了讀者，所帶來的影響力超越了文字本身。書寫文字的人只不過是在人生陰暗的角落點上了一盞微弱的燈，而在角落等待的人看見了光，生命從此就轉變了。轉化的力量並非來自文字本身，而是文字與讀者心心相印，點燃了他們的靈魂。

　　似乎《寬恕，是真的可以嗎？》對讀者的影響，套用心理學老掉牙的說法就是：這本書帶來了醫治。其實不然，相反地應該是說：這

本書給了讀者自我療癒的力量。這本書有時會帶領讀者回到起初的臨界點，我收到一封封來信，開頭都是這樣寫的：「若我沒有發現你的書，我應該已經自殺了。」這本書有時會使讀者掙脫懷恨或者憤怒的束縛，幫助他們從多年被侵蝕的心靈痛苦中得到解放。有時讀者們遭到親信的人背叛，對人性失去希望，而這本書卻使他們重拾盼望。大多數都是悄悄地發生的小小奇蹟，奇妙的是，確實帶來了改變，而且還在不斷發生。

　　往往當讀者發掘一件他早就知道的事實的那個時刻，就是醫治的開始。他可能從未想過自己明白這件事，但當他發覺的時候就會對自己說：「難怪，這再明顯不過了！我一直以來都明白是這樣。」

　　讀者會發覺什麼呢？都是一些簡單且基本的事情，例如：成為願意原諒他人的那個人，往往是第一位受惠者。他們可能聽別人說過，寬恕是上帝給基督徒的重責大任，非常困難。然而，他們卻會發覺其

實寬恕是使受傷的人得到療癒的機會。他們發現寬恕在受傷者的心中發生，有時候被寬恕的對象甚至從來都不知情。若我們苦等著寬恕的對象向我們說聲「對不起」，那麼我們就使自己成為人質，讓錯待我們的人挾制自己。他們發現寬恕並不會讓自己成為踩腳墊。當我們寬恕他人，反而是釋放了一名囚犯，而那得到自由之身的囚犯正是我們自己。

從另一個角度來看，原諒彌補了上帝創造我們的時候所無法賦予我們的力量。祂無法給予我們改變過去的力量；祂無法發明刪除鍵，使發生在我們身上的壞事消失。祂只能給予我們記憶的力量。有些錯誤既無法重來又無法忘卻，有些會侵蝕我們，使我們生病。若這些被錯待的記憶不會像馬鞍一般緊扣著我們，一切都不是什麼大問題。可是，一旦我們受傷了，被錯待了，這一份記憶的禮物就成了一種障礙，使我們無法遺忘，而對於遺忘這事束手無策，就使我們無法快樂地活著。

我們都知道，對於受傷害而持續懷恨在心是一種毒藥，不僅侵蝕一個人的記憶，還會腐蝕全人類的生態系統，毒害種族、國家、家庭、朋友的生命，受傷個體的生命也遭虧損。懷恨生怨恨，怨恨生憤恨，憤恨使人發狂。懷恨使手足對立，幫派敵對，人與人相爭。最終，懷恨使受傷的人與自己為敵，加增個人的痛苦。

我們發現要擺脫對傷害的記憶，脫離因懷恨所導致的悲慘生命，唯一的方法就是原諒製造傷害的那個人。也惟有我們自己得到醫治，才有可能恢復我們與帶來傷害者的關係。

　　奇妙的是，對我來說也許神奇的是，其實是許許多多的人發現這一件事，並得到痊癒之後，才有《寬恕，是真的可以嗎？》這一本書的出現。以上種種都讓我非常開心，在時機成熟時，《寬恕，是真的可以嗎？》終於回到了它的出生地，Harper San Francisco（目前是 HarperOne）出版社。它並非要從此待在這裡，而是要重新被賦予任務出航，繼續它該有的旅程，完成它該完成的使命。

致謝
A Word of Thanks

我並不是藉由讀好書學習原諒這件事,而是透過聆聽那些願意原諒的人對我訴說美好的故事。有好幾個人的故事收錄在本書中,當然都用了化名。我感謝他們與我分享自己的掙扎與勝利。

我一定要感謝保羅克萊蒙博士(Dr. Paul Clement),他讓我與他在富勒心理學研究所(Fuller Graduate School of Psychology)共同教授一堂關於寬恕的研討會。我也感謝卡羅費索博士(Dr. Carol Visser),她邀請我在好萊塢教授一個由創意諮商中心(Creative Counseling Center)贊助開設的寬恕工作坊。感謝珍·賈斯萊極其無比的耐心以及豐富的想像力,將我潦草至極的手稿轉變成完美無瑕的文本,她是這本書能夠精美清晰地呈現出版的幕後推手。感謝兩位編輯,L. T. Mead & Associates 的琳達·米德(Linda Mead)女士以及 Harper & Row San Francisco 的羅伊·卡里斯勒(Roy M. Carlisle),他們教我如何寫書,在短時間內迅速地幫助我,使我出乎意料地獲益良多。另一方面,我打從心底感謝我的妻子桃樂絲(Doris),她讓我學會了有一種愛讓寬恕成為可能。

1983 年秋季，我當時在明尼蘇達州基督教跨教派與文化研究所（Institute for Ecumenical and Cultural Research, Collegeville, Minnesota）擔任研究員，這本書大部分在那裡撰寫完成。那裡的環境怡人，有助於記憶與寫作，我再也找不到任何更好的地方了。因此，我要感謝研究所的所長以及董事會，特別是羅伯·畢罕默先生對我的熱情款待。我也要向富勒神學院的董事會致謝，批准我請安息年假，讓這趟旅程得以成行。

我一定要告訴你，若不是我曾感受過基督寬恕的愛，我就對人類所擁有的寬恕能力毫無所知。因此，我感謝上帝，祂為我們不該遭遇的傷害找到了一條得著療癒的出路。

一個邀請
An Invitation

　　有人傷害了你，也許是昨天，也可能是好久以前，但你卻無法遺忘。你根本不該受傷，但這傷痛卻在心底烙下了極深的印記，深鎖在你的記憶中，直到現在還使你心痛。

　　其實你並不孤單。世上的人都是這麼跌跌撞撞，即使生命中重要的人也會彼此傷害。當我們投入親密的人際關係，就敞開了自己的靈魂，準備面對因著別人的不忠甚至是背叛所帶來的傷痕。

　　有些傷痛揮之即去。感謝上帝，並非點點滴滴都硬抓著我們不放。然而有些陳年舊傷卻無法輕易擦去，就像頑固的油漬留在記憶的畫布上。

　　那些極深的傷痛原本不該是我們要承受的，卻像水一般從已死的過去流進了活生生的現在。也許是朋友的背叛，也許是父母的虐待，也許是配偶在寒冷中遺棄了我們，這些傷痛不會隨著升起的朝陽而痊癒。

我們但願在某個時刻可以回到受傷的一剎那，將傷痛從生命中切除。有些人很幸運，好像他們分泌遺忘腺素的腺體天生就比較發達。他們從來不會懷恨，也不會記得舊傷。對他們來說，明日的到來使痛苦的昨日死去。然而對大多數人來說，我們卻發現痛苦的過去隨著記憶不斷滾動，我們卻束手無策。

　　真的束手無策嗎？

　　偉大的猶太裔思想家漢娜・鄂蘭（Hannah Arendt）在她的劃時代研究《人類的處境》（The Human Condition）的結尾提到，她發現唯一能夠止住一連串不可抹滅的痛苦記憶的力量是「寬恕的能力」。就是如此簡單。

　　原諒是上帝的創造，用來處理世人對彼此不公平的對待或是深度的傷害，即便他們原本的初衷是善意的。祂從原諒我們開始，並邀請我們彼此原諒。

　　西方各大報報導在 1984 年一月的某天清晨，前教宗若望保祿二世如何走進羅馬雷比比亞監獄的陰冷監牢，與企圖殺害他的阿利阿卡見面。這個人曾經朝著他的心臟開槍，他卻握起這個人的手並原諒了他。

　　然而原諒是教宗的專長，而且當他早就知道全世界的目光都注視著他，原諒也許對他來說並非難事。

　　對於平凡無奇、無人注目的一般人來說，原諒並遺忘卻難上加難。

　　原諒是愛的功課裡面最難的一課，也是愛裡面最大的風險。若你把原諒的初衷弄歪了，它會使你成為一文不值的踩腳墊，或者令人討厭的操弄者。

　　原諒似乎不是自然的舉動。我們的正義感告訴我們，做錯事的人就該付上代價。然而原諒是一種愛的力量，能夠打破自然法則。

問問自己以下的問題：我要如何做才能原諒錯待我的人？

誰值得原諒？有人不應在原諒的界線內嗎？

我要怎麼做呢？

我為什麼甚至要嘗試去原諒？我會得到好處嗎？這樣做公平嗎？

我邀請你與我一起來探索這旅程上我所找到的解答。

CONTENTS

PART 1 The Four Stage of *Forgiving*
寬恕的四部曲

PART 2 Forgiving People Who are Hard to *Forgive*
那些難以寬恕的人

PART 3　How People *Forgive*

寬恕，怎麼做

PART 4　Why *Forgive?*

寬恕的理由

寓言故事
神奇的眼睛
The Magic Eyes: A Little Fable

斐士蘭內陸深處的法肯小村莊裡，住著一位名叫佛可的麵包師傅。他身形瘦長，有著尖尖的下巴和鼻子，是個正氣凜然的人。佛可太過於正直，從他薄薄的雙唇間好像會吐出一股正義之氣，吹向所有靠近他的人。因此，法肯的村民對他都敬而遠之。

希爾達是佛可的太太，長得矮矮的，身形圓潤，手臂胖胖的，胸部和臀部也都是圓圓胖胖的。希爾達不會散發正義之氣，拒人千里之外，反而因為渾身圓潤的特質吸引很多人，想要感受她敞開心胸的溫情與歡樂。

希爾達非常尊敬她那正氣凜然的丈夫，溫柔也非常愛她，但僅止於佛可能接受的程度。然而，希爾達卻感到心痛，因為她渴望佛可能愛她更勝於那尊貴的正義。

　　因此，在她的床第之間與內心深處的需要上，種下了悲傷的種子。

　　就在某一天，佛可天未亮就去揉麵團準備烤麵包。早晨的時候回到家，看見一名陌生男子在他的臥室裡，頭栽在希爾達圓潤的雙峰間。

　　希爾達出軌的事，馬上成為酒館裡茶餘飯後的話題，也成了法肯村的醜聞。大家都認為以佛可正直的個性，一定會把希爾達逐出家門。但是跌破大家的眼鏡，他竟然願意繼續讓希爾達做他的妻子，因為他說那本善書（The Good Book）說他應該要原諒。

　　佛可內心最深處其實無法原諒希爾達，因為她使自己蒙羞。只要一想到希爾達，他就感到憤怒與痛苦，厭惡並且瞧不起她，覺得她好像娼妓。追根究柢，他恨希爾達，因為自己是個忠誠的好丈夫，卻遭妻子背叛。

他只是假裝原諒希爾達，好用正義的慈悲懲罰她。

然而，佛可的偽善在天堂無法站得住腳。

所以，每次佛可對希爾達產生隱藏的恨意時，就會有一位天使在他的心中投下一顆如鈕扣般大小的小石子。每次一粒小石子落下時，他就會感到一陣刺痛，就像當初他目睹希爾達用那名陌生男子的肉體來滿足慾望時一樣。

也因此他就更加恨惡希爾達，惡性循環，他越恨就越痛，越痛就越恨。

小石子不斷地增加，佛可的心也因為石子的重量而越來越沉重，他的上半身甚至已經向前彎曲，站也站不直，只好硬把脖子抬起來看路。因為受到痛苦的折磨而精疲力竭，他真希望自己能死掉算了。

有一天晚上，那位在佛可心中投下小石子的天使來到他身邊，告訴他如何解決傷痛。

天使說，只有一帖良藥能治癒受傷的心。佛可需要神奇眼睛的奇蹟療法。佛可需要一雙眼睛，帶他回去看受傷的原點，還有看見希爾達是個柔弱、需要他的女人，而非那個被判以背叛的妻子。惟有透過這雙神奇眼睛去發掘看事情的新角度，才能治好因為過往傷痕所帶來的痛苦。

佛可反對這樣的說法。他說到：「過去是無法改變的。希爾達有罪，這是個連天使都無法改變的事實。」

天使回答道：「是啊，可憐人啊，你說的沒錯。你無法改變過去，只能從過去造成的傷害中得到醫治。得到醫治的唯一途徑就是透過神奇眼睛來看事情。」

「那麼我要怎麼得到你的神奇眼睛？」佛可不耐煩地問。

「只要開口求，求的時候要渴望，就會得到了。接下來，每次你透過新的眼睛看待希爾達，一粒小石子就會從疼痛不已的心中被挪走。」

佛可無法立刻開口要，因為他已經愛上了這股恨意。但是終究敵不過心中的疼痛，逼著他產生渴望並且開口要天使說的那雙神奇眼睛。他開口了，天使就給了他。

很快地，希爾達在佛可的面前開始不一樣了，改變就這麼奇妙且神奇地發生了！他開始覺得希爾達是個愛他、需要他的女人，而不是那個邪惡、背叛他的女人。

　　天使實踐了他的承諾，雖然花了好長一段時間才全部拿走那些石子，但他一粒一粒地挪去佛可心中的小石子。佛可漸漸地感到他的心越來越輕盈，走路也可以挺直腰板了，而且不知怎麼地，他的鼻子和下巴也不那麼尖削了。他再次邀請希爾達進入心中，她答應了，從此他們一起再度啟程，重新共享謙卑喜樂的旅程。

The
Four Stages
of *Forgiving*

寬恕的四部曲

PART 1

────────◆────────

　　你該如何寬恕傷害你的人？過程中會發生什麼事？何時該寬恕？之後又會如何？寬恕對你有什麼益處？寬恕到底是什麼？

　　寬恕本身是個美好又簡單的行動，但是總會在內心掀起一陣複雜的情緒風暴。它是一整套人際關係技巧中最困難的一課。

　　我們就開誠布公地說，談談那對「神奇的眼睛」，使那些準備好的人，能從遭人錯待的痛苦牢籠中得到釋放。

　　寬恕會經過四個階段，若是我們能夠完整走過一遍，就能到達修復關係的最終點。

　　第一階段是**心受了傷**：若有人對你造成極深的痛苦，讓你受到不公平的待遇，而你無法忘記，那麼你就是被強迫進入了寬恕這個旅程的第一階段。

第二階段是**萌生恨意**：你無法擦去自己有多麼受傷的記憶，而且無法祝福你的敵人有好日子可過。有時候甚至希望傷害你的人也能跟你一樣痛苦。

　　第三階段是**接受醫治**：你有了那一對「神奇的眼睛」，能夠用嶄新的眼光看待傷害你的人。你的記憶傷疤癒合了，推開了襲來的痛苦，重獲自由。

　　第四階段是**恢復關係**：你邀請傷害你的人重新進入你的生命中。若他也能真誠相對，這份愛會將你們推向一段全新且修復的關係。這個階段的結局如何，完全看你和他如何應對。有時候傷害你的人不會再次回到你的生命中，那麼你就得自己完成療癒的旅程。

1.

We Hurt

心受了傷

　　只要你稍為年長，就一定有被朋友傷害的經驗。若你跟我一樣，就可能會讓傷痛長成膿瘡，使你的快樂因此而窒息。一旦產生這種情況，你就進入了寬恕的第一階段。

　　我所說的是那種椎心之痛的傷害，好像是人際關係中已經纖維化的組織，使我們無法正常地代謝排出體外。我們的傷疤在外人看來只是表層結痂，然而自己卻最清楚，畢竟我們才是真正感到疼痛的人。

　　我想跟你說，說我曾經有過的傷痛，好向你說明一個對別人來說毫不重要的事情，卻可以將你推進寬恕的風暴危機。

　　我來自一個村莊，家族歷代都是鐵匠。我的姓氏史密德（Smedes）就是古荷蘭文中「鐵匠」的意思。第一代選擇此姓氏之後，家族裡的每個男孩長大後都靠著打鐵維生，家族也以此行業為榮。

We Hurt
心受了傷

　　故事是這樣的，六月的某個週五晚上，我從穆斯卡根高中畢業，成績表現並不優異。隔天，我就搭上了灰狗巴士去底特律，開始在史密斯鐵工廠工作。這工廠是家族事業，卡列斯叔叔剛移民到美國時，在自家車庫開始了鐵匠的生涯，漸漸經營起這家工廠。由於我沒錢又不是個念書的料，就很開心地接受了卡列斯叔叔的邀請當起鐵匠來。

　　我被分配到前庭工作，要將鐵條捆成一堆，排列整齊，用乙炔噴管將鐵條鋸成建築商要的尺寸，並用天然氣上色封存，才不會太快生鏽。我從來沒用過共鎔鐵爐，沒有將紅紅的熱鐵柱打成漂亮形狀的經驗，這種真正的打鐵工作只有在史密斯鐵工廠裡面進行。

　　老實說，我非常不適合做鐵匠或是鋼鐵工。我太高太瘦，任何需要技術和體力的製鐵活兒都無法勝任。我在鐵工廠工作的日子，完全無法為 Smedes 史密德這個名字添光。

　　我的表哥漢克就不同了，他天生就是個鑄鐵匠。他手腕力大無窮，手腦協調，而且手上的鎚子還沒拿起，心裡就有了美麗的圖形。

◆

漢克偶爾會帶我去工地，我們到那裡安裝他在工廠裡鑄好的大門或華麗的軌道。他教我在水泥地板上鑽出正方形的洞，將鐵鑄上，並倒入鎔鉛將縫隙填滿。有時候他會把我當作知己，告訴我卡利斯叔叔家裡的精彩秘密，或者說些我從沒聽過的黃色笑話。

漸漸地，漢克讓我覺得自己是他的知心好友。

可是他似乎有雙重個性，有著友善搞笑的一面，也有扭曲殘酷的一面。

我和他獨處的時候，他會表現出友善的那一面。我欣然接受好的這一面，而且我很確定自己只需要這樣的友誼。

然而，只要在工作時有別人，例如工程監工，漢克就會對我很殘酷。他會調侃我，而且一定會在一步之遙內讓監工的人聽見。

「喂，路易斯！快給我滾過來，把這個重新弄好。」

「他們隨便派來幫我的這個渾球，連鐵鏈和彎的鐵都分不清楚，可是我除了忍耐還能怎麼辦？誰叫他是老闆的姪子！」

漢克和我們都想在主管面前留下好印象，工作能力受到肯定，但這就是他在主管面前談論我以及跟我說話的方式。

他故意讓我以為他把我當作朋友，然後在羞辱我。當時的我最需要朋友，勝過其他所需要的一切，所以很容易被欺哄。因此每當漢克在我們回家的路上表現得很友善時，即使他當天才把我當作傻子一般

對待，我還是會對他的假情假意買帳，但隔天卻又換來他的嘲諷。

我應該有很長一段時間非常恨惡漢克。況且，有何不可呢？先把人看作是朋友，然後又把他當作是流浪狗，這是一個非常傷人的舉動。我打從心裡明白，雖然漢克如此對我，我也逆來順受，但其實我不該受到如此待遇。

受傷的感覺使我進入寬恕的第一階段，我必須做一個簡單卻關鍵性的決定。我是否想要得醫治？還是要讓這個遭受錯待的經驗，進駐在回憶裡，繼續因此受折磨？

當感受到有人深深地傷害了我們，此時我們就已經被動地進入一個關鍵階段。我們選擇讓這個傷害烙印於心，吞噬快樂？還是選擇寬恕的神奇效用，使不該受到的傷害得到痊癒？

我們確實會遭受很多雞毛蒜皮的小傷，沒有需要寬恕的對象，只是要考驗我們的氣度，拿出包容心以恩慈的態度承受。

我們需要將傷害分門別類，辨別哪些是需要動用寬恕的神奇效用，哪些只需要一抹幽默就可以化解。如果我們把所有的傷害一視同仁，認為統統需要用寬恕這個解藥，寬恕這門藝術就變得平價而俗套了。如同美酒一般，寬恕留到對的時機再使用。

需要寬恕的傷害有三個層面：**個人、不公平、傷得入骨**。一旦你開始感受到這三種面向的痛楚，要能從此傷痛中痊癒，你就只能選擇寬恕那個傷害你的人。

1. 個人的傷害

我們只能寬恕人為的傷害，不能寬恕抗拒不了的自然因素所造成的傷害，即便這類事情時常會使我們受傷。例如有些人根本沒有做錯什麼，他們也不想如此，可是天生就體弱多病，長相平庸，資質較差。有時我們只是因為受到這些無端的憤怒所攻擊，而生活脫序，就像我有一位親近的朋友所感受到的，他們的孩子死於嬰兒猝死症，最近才替他辦了喪禮。我們每一個人都有可能成為無法抗拒的自然因素的受害者，尊嚴盡失，無情地被摧毀。

然而我們無法寬恕不可抗拒的自然因素。我們可以因為這些因素對我們造成的不幸而發出詛咒、憤恨，將一切錯誤歸咎於它，但是最後不得不向它的殘暴屈服。我們可以暫時用科學對自己解釋，理解大自然的變化無常，但對我們卻是個野蠻的玩笑。另外，從信仰的角度來看，我們的眼光可以超越自然，相信在大自然奇怪變態手法的背後，一定有上帝神秘的目的。但是，我們就是無法寬恕這些不可抗拒的自然因素。寬恕的對象只能是活生生的人。

我們也不能寬恕體制。神知道體制會使人受傷。經濟體制使貧窮的人被禁錮在殘暴且窮乏的貧民窟裡；政治體制可以使自由的人變成奴隸；企業體制迫使人們像傀儡一樣轉圈圈，最後卻將他們如垃圾般丟棄。但是，我們就是無法寬恕體制，只能寬恕人。

惟有人才能為自己做的事情負責。惟有人才能接受寬恕，並決定要與我們和好。

We Hurt
心受了傷

寬恕一定是個人性的。因此，你只能寬恕那些傷害你的人。

我不需要寬恕沒有傷害我的人。應該說，我沒有權利寬恕他們，這個權利屬於那些受害者。我也許對於他們所做的事情非常憤怒，我可能會批判他們，為他們冠上罪名，甚至高聲疾呼要他們人頭落地。舉例來說，我可能對史達林抱持著滿腹的憤恨，因為他對俄國人進行大屠殺。然而，除非他使我受到傷害，我不應該寬恕他，並非因為他不邪惡，而是只有那些被他傷害的人能夠這麼做。若是我聲稱要寬恕這個罪大惡極的殺人王，但他卻沒有傷害我，那麼我就貶低了寬恕的神奇效用。

我的意思並非要你真實地感受到歹徒拿刀抵住你的喉嚨。通常當我們感受到所愛之人的痛苦，就是我們受傷最深刻的時候。我感受最深刻的時刻，就是感覺到兒女的痛楚。若你傷害我的孩子，我所受的傷害比你直接傷害我還劇烈。無論如何，我們或多或少總是得感受到自己所受的傷害，不然就不需要隨著寬恕所帶來的醫治了。

假若寬恕可以醫治我們所感受到的痛楚，那麼我們就有充分的理由與自己所受的傷保持聯繫。

有些人會否認痛苦的感受，因為痛到不想去面對。有時這種痛楚使我們受驚嚇，例如遭到父母遺棄或家暴的人會害怕承認自己很痛苦，因為對於自己最想親近、最想去愛的家人，他們害怕自己反而會萌生恨意。因此千方百計否認自己的傷痛。

我偶爾也會否認傷痛，但是並非出於恐懼，而是單純的太過驕傲。我強顏歡笑，努力掩飾，奮力掩飾一件事：有些人具有足夠的力量傷害我。同樣的，遭到丈夫背叛的妻子會說：「我知道我的丈夫跟他那個狐狸精秘書有一腿，但我才不會讓他看見我的痛苦，讓他覺得暢快。」因此，她將自己的痛苦掃進靈魂的暗房，不准任何感受進入心靈深處。她可能處理得完美無瑕，甚至把狐狸精趕走，但是除非她能承認自己受到極深的傷害，否則她永遠無法寬恕她的丈夫。

當然，我把事情簡化了。每次的故事情節並非總是天真無邪的小羊遇上大野狼。大多數人在寬恕他人的同時，也需要得到他人寬恕，有時候寬恕與被寬恕融合地恰到好處，我們甚至很難感受到其中的不同。

最重要的是，人能感受到痛苦，同時願意寬恕造成傷害的人，就會發生醫治的奇蹟。

2. **不公平的痛苦**

有人不公平地傷害了我們，這時候我們就開始要與寬恕面對面了。當我們認為不可能錯待自己的人，做出了相反的事，傷害了我們，寬恕就成了愛的解藥。單單因為傷痛而受折磨，以及遭受痛苦的錯待而受折磨，兩者之間有所差異。

因為輸了一場公平的打賭，損失五十塊錢，會心痛；在路上被搶匪襲擊，被搶了五十塊，也一樣會心痛。但是因為公正公平而損失金錢，以及因為不公平的暴力而受苦，這兩種心痛有著道德上的差別。一個小男孩因為打妹妹而被媽媽咆哮臭罵會受傷；一個喝醉的父親對著孩子大叫說希望沒生下他，那孩子也會受傷。然而，公平的傷害與暴力的錯待差別多麼大！

也不是每個人都想傷害我們。我們的生活充滿著會讓我們受少許傷的人，他們不是真的要傷害我們。我們都會因為一些無可避免的刺痛而受苦，因為我們一起生活在這個瘋狂的世界，你我都很脆弱，易碎的靈魂偶爾會不小心擦撞。

舉例來說，在我的生命中曾經有一個人對我做了瘋狂的事情。她整個晚餐時間都在對我尖叫；日以繼夜，她要求我隨叫隨到，無論當下我是否在忙；有時候她甚至會在我的休閒褲上小便。更糟糕而且令

我生氣的是，她生病了卻沒告訴我發生什麼事。有時候我真想揍她，但是我從來沒衝動覺得要寬恕她。

她就是我那個六個月大的女兒，我並不覺得需要寬恕她這些瘋狂的舉動，因為她並沒有錯待我，使我受傷。我愛她，所以對她所有的行為全盤接收。

這個例子可能有一點離題，但卻明白地表達我要講的：我們不需要為著所感受的所有傷痛而寬恕人。

當我們發現一段重要關係無法繼續，但原本卻認為這段關係會長長久久，很多人就會覺得受傷。人與人之間的生離死別，或者被丟棄，通常會造成非常苦澀的哀傷。

有些友誼不得不中斷，有些感情需要以分手收場，離開通常會使某人受傷。然而世間萬物都會有不在的一天，一顆受傷的心對愛而言是一種危險。

人們離開我們最不公平、最糟糕、卻不會錯待我們的一種方式，也許就是因病過世，留下孤伶伶的我們。可是人會死是自然律；照常理來說，他們死去並非要傷害我們。話雖如此，一個孩子怎麼能理解父親罹癌過世，並非故意要留下她一個生活呢？對於那些理智上明白，卻仍然感覺被錯待的人，是因為在他們最需要那個人的時候，他卻永遠離開了。

更艱難的是，無論我們有多麼需要他們活著，我們所摯愛的人仍然決定選擇死亡。鮑伯上吊自殺時，並沒有跟任何人說他的動機是什麼。他真的需要自我了斷嗎？他該為自己留給他人極深的痛楚而負責嗎？他的妻子該寬恕他嗎？我無法下定論。惟有他的妻子可以。

當意外發生時，有時候你無法確定自己到底是無可避免的受害者，還是受了不該受的傷。你也許需要將所受的傷害分門別類，才能夠分清楚自己是因為人的脆弱而感到受傷，還是無辜地成為不公平的突襲後，那個接收殘局的人。

我的意思不是只有在某人故意要製造不公平的傷害時，我們感受到的傷痛才是不公平的。只要那個痛苦不是我們應得的，或者是不必要的，那傷痛就是不公平的。因此，在決定要寬恕以前，你不用證明那個人是故意要錯待你。不管傷害你的那個人的意圖是什麼，一旦你在無需受傷的情況下，被打得暈頭轉向，你就進入了是否該寬恕的第一步。

我將每個人偶爾都會受到之不公平的痛苦稍微分類。這些例子中的傷害製造者，都不是故意要造成不公平的痛苦。但是在每個例子裡面，我們的經歷都覺得那個傷害源自於不公平的突襲。你不妨將我所列的清單與你的自身經驗做個比對。

人們覺得我們罪有應得

有些人的目標就是使人受傷，蓄意傷害某個人，他們要的就是懲罰那個人。莎士比亞劇作《馬克白》中的主角馬克白就是這樣，下定決心謀殺他的君王，他說道：「我心意已決，做好萬全準備，打這一場恐怖的仗。」刺客約翰威爾克斯布司（John Wikes Booth）在劇院瞄準林肯總統（President Abraham Lincoln）時，他的動機也是如此。同樣的案例還有奧斯華德（Lee Harvey Oswald）在達拉斯（Dallas）刺殺甘迺迪總統（President John F. Kennedy）。猶大在出賣自己的門徒導師與主人的那晚，與祂親嘴的舉動背後的動機也是殺害。上述的每一個加害人，都覺得這些受害者罪有應得。

我非常確定所有蓄意傷害過我的人，都覺得那是我該受到的對待。曾經有一位同事寫了黑函給董事會控告我，說我在神學上犯錯。他寫的信對我造成不公平的待遇，也招致許多麻煩。我相信在這位同事看來，此舉動非常公平。然而他認為對的事情，與我所遭遇的事情完全是兩回事。這件事並不公平，即便他的舉動本意是伸張公義。不公平的待遇迫使我進入一個抉擇：我是要讓這件事在我的記憶裡築巢呢？還是我要使用「神奇的眼睛」，並讓自己得著醫治？

多數蓄意要傷害別人的人，都覺得自己在伸張正義。他們整裝待發，咬牙切齒，目光堅定，決心要傷害我們，因為他們覺得我們活該。這些人篤信一件事，最終的說詞都是：「我比你還要痛苦。」他們的意圖並不會減少我們所感受到的不公平。

　　遭受到這樣的傷害時，我們就進入了寬恕的危機。我們無法重新接受加害人還是我們的朋友或所愛的人，除非我們能處理好因不公平所帶來的痛苦。

人們無法控制自己

　　有時候別人傷害我們並非他們想要這麼做，而是因為他們無法控制自己。

　　傑克並不想傷害他的家人，可是就是離不開酒精。華特不想有外遇傷害他的妻子，但就是無法克制性慾。

　　我分享過的寬恕危機中最悲慘的莫過於這一則故事了。這件事大約是一年多前發生在我的朋友班西沃（Ben SeWall）與他的太太菲莉絲（Phyllis）身上。事情發生在加州的拉古納海灘（Laguna Beach），一個令人慵懶的夏夜，他們的兒子羅傑（Roger）騎著電動腳踏車閒晃，停在一個四面皆有停止標誌的路口。他停下車，雙腳著地，等其他車輛先走，他再繼續前進。同一條街離他不遠處，席德伽瑞得（Sid Charid）飆著他的大黃蜂跑車（Camaro）從他的對面車道開過來。看到停止標誌，席德並沒有減速。在完全沒看到車子朝他衝過來的情況下，羅傑從後面被撞倒，幾乎當場死亡。駕駛肇事者逃逸，停了一下就馬上開走了。

　　很明顯地，席德因吸毒而過分興奮。他不是有意要傷害別人，他只是因為藥物的化學作用讓他興奮不已，無法控制自己。然而，羅傑

不該死，我的朋友也不該失去他的兒子。這件事絕對不公平，這個確切的不公平帶來的痛苦並不亞於其他的傷害，我們的心同樣難以承受。

人們因自身問題波及傷害我們

有時候個人的掙扎過於波濤洶湧無法掌控，導致波及無辜的旁人。我們並非有意傷害他們，只是他們出現的時機不對。

成人世界的衝突裡，有時候孩子就是那個最不幸的受害者，遭到波及深受痛苦。

我的朋友摩根身陷悲慘婚姻的泥沼中，理所當然想要掙脫。可是兩個與他同住一個屋簷下的孩子，因受到大人憤怒的波及，非常確定父母彼此憎恨一定是他們的錯。摩根只是試圖逃離無可救藥的婚姻。他最不想要傷害孩子們，然而在父母交戰中，他們也無處可逃。他們不該受到如此對待，受了傷也被錯待。

人們的好意卻傷害我們

如果世界上只有心懷惡意的人會加害他人，那就安全多了！就是因為有人帶著善意做了傷害別人的事，這個世界才變得危機重重。他人的好意往往為別人的人間煉獄鋪路。

南非的黑人成功地對抗種族隔離之後，前任白人總統戴克拉克（F. W. de Klerk）說道：「種族隔離政策立意雖好，卻失敗了。」拜託！人

們真的有可能存著好心做出這麼罪大惡極的事嗎？毫無疑問，是的！立意越好，越容易造成傷害。

孩子調皮搗蛋，媽媽以鞭子伺候，只是要教訓他一頓。傲慢的丈夫欺騙妻子，為的是讓她們免受知道真相之苦。一個善解人意的男人，為了不讓殘廢的自己成為家人的負擔，自我了斷，卻讓家人活在自責的悲痛當中。戴著面罩的黑手黨槍手說他殺人，是為這個世界除掉令人討厭的垃圾。

一位重生得救的理財專員想要幫助教會的長者，將微薄的儲蓄變成優渥的養老金。他鼓勵這些長者把存款投入一家股份有限公司，並保證三年可以使投資增加三倍。但是那家公司三年後倒閉，信任他的這些老人連一毛錢也拿不回來。

最大的傷害，很有可能就是出於最良善的意圖。

我們的主死在十字架上時，這麼禱告：「原諒他們，他們所做的他們不知道。」殺祂的人心存善念，他們只不過在為以色列除掉一名褻瀆者。可是他們卻因著這樣的好意，讓主上了十字架。

人們因犯錯而傷害我們

有時候我們受傷的原因來自他人所犯的錯。他們也許是訓練有素的專業人士，也真的想幫忙，但偶爾就是會砸鍋。

醫生犯錯使我們所受的傷最為嚴重，無人能比。我們相信他們能醫治照料我們，讓他們將我們麻醉，在身體上開刀後再縫合。但是他們會犯錯，這些失誤讓我們付上極高的代價。

　　我的岳母年歲已高，身染重病，當時需要大量輸血。不知怎麼地，醫生弄錯了血型輸錯了血，醫護人員沒有人故意想要害她，這樣的錯誤可能發生在任何人身上。可是她差一點就一命嗚呼，而且死得很冤枉。

　　一位年輕的實習醫生，為了要表現給護士看，應該要先與外科醫生確認醫囑，但他卻私自用了新的治療方式。給病人服用後，他開的藥物與其他的藥物相排斥；這位醫生應該仔細確認，但卻急急忙忙地開藥，造成非常痛苦的後果，對病人很不公平。

　　上述種種的錯誤，每個人偶爾會觸犯。若是我們的醫生犯錯，我們就得買單。醫療帳單增加，為了原本可避免的錯誤而疼痛不已，有時候甚至會賠上一條命。無論醫療人員的初衷為何，我們買單買得很冤枉。

　　真是夠了！我的不公平痛苦清單應該足夠提醒各位一件事，傷害所帶來的不公平，通常只有受害者會感受到，加害人的本意卻完全不是這麼一回事。

　　你應該要原諒一個從未故意想要錯待你，卻對你造成不公平傷害的人嗎？

　　很少人會蓄意不公平地對待他人，就連黑手黨槍手都相信被他殺的人都活該。因此如果我們只需要原諒那些蓄意不公平地傷害我們的人，那麼可能就不需要原諒任何人了。

實際上，就是因為傷害你的那個人不是故意的，你所感受到的不公平和痛苦反而會加劇。喝醉的駕駛汽車撞死了你鄰居的孩子，但他從未想要傷害誰。可是你可能會更強烈地感受到不公平所帶來的恐怖，因為這件事發生得一點意義也沒有。

然而真正的重點應該是，我們需要為了自己的緣故而原諒他人。每個人的心靈都應該不受仇恨束縛，當我們選擇原諒那些不公平地傷害我們的人，我們就重新贏回了不受限制的權利，即使那些人的動機純正。

3. 入骨的傷害

第三種痛苦的面向與受傷的深度有關，也需要靠原諒來解決。這些需要寬恕的痛楚使我們傷得入骨。

要衡量痛苦的程度，「入骨」其實不是很精準。心中的痛苦到底有多深，只有受傷的人才知道。因此外人說得都不夠準確，惟有我們自己感受到那種壓傷的痛苦，才會真的感同身受。當然，至少對於一件事我們有共同的標準。我們都同意，可以忍受的表層傷害不同於深層的傷害——就是那種會使我們與加害人隔絕的傷害。

以下是幾個我個人的經驗，這些傷害實在是太表面，甚至不足以為之爭吵。

令人生厭的事情

我們的生活中充滿這些令人生厭的事情。我最受不了一種購物者，明明拿了十五樣商品要結帳，卻佔用只有八樣商品以下的快速結帳櫃台，還邊結帳邊跟收銀員聊他家的貓，可是我卻只要買一瓶牛奶，實在叫人等得不耐煩。我無意識地一直拿遙控器轉台，會讓我太太發瘋。晚餐時間，我太太把簡短的事情講成又臭又長的小說情節，會讓我抓狂。這些芝麻蒜皮的事情就像皮膚上的蕁麻疹，會惹惱我們，卻還不至於造成太深的傷害，需要我們去原諒。

如果我們要把這些惱人的事情全部都擴大至寬恕與否的抉擇，那我們每天的話題光繞著修復關係就夠超過了。所以最好把這些惱人之事吞下肚，把寬恕留給較深層的傷害。

輕蔑與冒犯

輕蔑與冒犯就是被怠慢受冷落，不像污衊那麼糟糕，但會讓我們感覺到在人際關係中失去了自己的地位。我們希望別人在權勢等級中尊重我們，所以失去地位的時候，我們就受傷了。

我在荷蘭念研究所的時候，有次受邀在某個星期日晚上，到阿姆斯特丹的一位出名的教授家裡作客。星期一早上，我向其他美國同學炫耀，話中暗示我跟教授成了好朋友。幾個星期後，在一場典禮上，

我跟這些美國同學站在一起,這位知名教授也走進了會場。他和我們每個人打招呼。當他跟我打招呼時,完全不記得之前見過我,連一眼也沒看我。他既沒跟我的同學說我是條蟲,也沒對我吐口水,更沒有辱罵我。他只不過忽視我,可是我卻極度想引起他的注意。我大可殺了他,但我不需要寬恕他。

他人的輕蔑與冒犯使我們受傷,因為我們不確定自己是誰,走在人群中極度需要別人的注意,好維持我們的自尊。當別人與我們擦身而過,眼光不在我們身上,我們就受傷了。可是我們不會因為他們沒注意我們,就把他們趕出我們的生活。我們應該對輕蔑與冒犯不屑一顧,但不需要寬恕。

失望

當他人沒有照著我們的期望對待我們時,我們會受傷。我們將生命投注在孩子身上,但是他們卻將其視為理所當然,好像父母本來就該這樣。我曾經入圍一項慈善獎,但是後來卻沒有得獎。隨後,我發現我的好友沒有投票給我。有一位朋友基於對公司盡忠的緣故,放棄了另一個更好的工作機會。但是,當他想要的職位開缺時,上司卻把升遷機會給了一個剛剛拿到企管碩士學位的年輕小夥子。

失望,會惡狠狠地賞你一巴掌,讓你的驕傲灑落一地,獨留你一人在遭受欺騙的感受之中。然而,即使失望透頂,你卻沒有遭受背叛,也就不需要寬恕。

表現不如人

一位母親把所有的好處給了女兒，甚至超過自己所能負荷；可是女兒卻輟學去端盤子，而好友的女兒卻當了律師。一名學生拚了命讀書，成績只拿了八十分，但是他的室友幾乎不用努力，卻科科考九十分。朋友的馬每次比賽都進入決賽，你的馬卻連一次出場的機會都沒有。

當別人得到你想要得的獎，享受炫麗光彩時，不如人的感受讓你感到刺痛。特別是贏過你的那個人竟然是你的好友，這時更是讓你捶心肝。你得上前恭喜他，彼此擁抱並且慶賀。可是這時你最想做的就是逃離現場，獨自將難過掩埋。

老實說，我們輸了的時候，好友最好也輸了；我們投資的股票跌停板，他們的最好也一樣；我們的孩子失敗，他們的最好也不成功。可是，我們不會因為好友得到了我們想要的而斷絕友誼，因此也不需要寬恕他們。

別把所有的傷害都視為需要啟動寬恕機制，這才是明智之舉。當你在為這場人生的賽跑邁步向前時，若要為賽程中每次所受的小傷而停下來寬恕別人，就好像是在築壩攔潮，所有脆弱的人際關係都將隨著退潮而崩解。若我們把個人的小小過犯放大為重大刑案，就會對所愛的人戒備森嚴。

那麼到底哪一種不公平的傷害才會讓我們啟動寬恕機制呢？你怎麼知道自己傷得太重，會引發爭執呢？這樣的傷口何時需要進行重大的靈性手術，也就是寬恕呢？

以下我會舉三個例子，這些不公平的傷害都非常的劇烈，促使我們啟動寬恕機制。這三種傷害分別為：不忠、背叛、與殘害，讓我來一一解釋。

不忠

當我屬於某個人，但卻與他形同陌路，那麼我就對他不忠。

大多數人都有不同的交友圈，我們會對圈內人忠誠。在這些朋友圈內，我們對彼此承諾會互相扶持，也因此彼此緊密連結。有時候是在眾人面前許下諾言，有人見證，彼此首肯。有時候是透過我們的行動，默默地表現出對彼此的承諾。例如媽媽抱起新生兒，就是一種無聲的承諾，代表她會照顧他。兩個朋友可以不用言語，就對彼此死忠。無論是哪一種方式，我們自由地給予彼此承諾，要互相照顧，禍福與共。這個承諾就是串起彼此情誼的那條線，我們也因此而屬於彼此，親密的程度遠超過其他人際關係。

我們對彼此所做的承諾，使我們信任對方。我們會相信肯作出承諾的人。嬰兒相信當他需要母親的時候，她會出現。妻子相信當她需要丈夫時，他會在身旁。朋友會彼此信任。只要別人承諾會照顧與支持我們，因著信任，我們就與他們連結；同樣的，因著他們的諾言，他們也與我們相連。

因此當一位父親將家人棄之於困境而不顧，他就是對家人不忠，因為他對待這些屬於他的人如同陌生人。當兒子習慣用謊言來操弄父母，他就是把父母當作陌生人，即便他屬於父母親，並且彼此信任。一個女人在得知丈夫多年來在外捻花惹草時，會覺得被冒犯，因為原本只屬於她的這個人，只不過把自己當作另一個女人罷了。

友誼的忠誠度也許不像家人那樣緊密，可是一旦讓我發現朋友食言失約，無論是承諾要幫忙、要借錢、或是要祝福我，當我在最需要他的時候，對方無法履行承諾，只因為他不想挺我，我就會感到友誼的基礎已經動搖。因為一個我相信他會照料我的忠心朋友，竟然待我如同陌生人。

一個人若破壞了對彼此忠誠的諾言，就破壞了這個以承諾與信任為基礎的關係。我們無法一如往常地維持這段關係，除非所造成的傷害能得到醫治。因為傷害太深，以至於我們無法裝作若無其事。

不忠，是一種冒犯，令人無法接受。我們要不就是與對我們不忠的人分開，自己獨自承受傷害，要不就是選擇原諒。

背叛

比不忠更嚴重一點就是背叛。我的伴侶把我當陌生人是不忠，當他把我當作敵人就是背叛。

彼得否認自己認識耶穌，那是對耶穌不忠；猶大為了三十個銀錢將耶穌賣給敵人，他就背叛了耶穌。只要我們因為一個代價而出賣與

我們有關的人，那麼我們就成了背叛者。有什麼會比被朋友背叛更受傷呢？

我們的賭注不用很大，就可以成為背叛者。大多數的背叛者都是猶大的翻版，為了蠅頭小利出賣朋友。若我的朋友將我不為人知的羞恥告訴另一個人，而且明知可能會傷害我，他就背叛了我。丈夫在客人面前數落妻子，也是一種輕微的背叛。要好的同事答應協助我角逐升遷的機會，卻偷偷在主管面前說我不能勝任該職位，他就背叛了我。父親誘惑女兒當然也是一種背叛。

布魯特斯（Marcus Brutus）是凱薩大帝（Julius Caesar）的密友，卻出賣並且刺殺他。然而，朋友、情人、配偶、伴侶若讓別人傷害我們，毋庸置疑地也背叛了我們。不論是用什麼方法，不論傷得深淺，我們就是遭受背叛。

我們的靈魂深處就是無法對不忠不義放任不理，即使是不足為道的背叛也不行。因為我們覺得自己被玷污，受到損害。即便是以信任為基礎建立的人際關係，也會因背叛而瓦解。遭受背叛後還要繼續做朋友或情人，實在令人情何以堪？因為我們被刺傷得太深，所以知道那是不可能的事。當我們感到刺痛時，就是該要開始寬恕的時候了。

殘害

我們可以寬恕和自己有關係的人，例如配偶、孩子、父母、摯友。但是有時候我們得寬恕一些陌生人，他們硬是要用殘害當作繩索，將我們的命運與他們的綁在一起。

一名陌生人半夜闖進你家，你正要睡覺，毫無防範，獨自處在你的臥室。你覺得遭受侵犯，而且再也無法對這個人置之不理，如同你輕鬆看待那些從來不會接近你的陌生人一樣。他沒有碰你，你也沒看到他的長相，但是他卻闖進你的私人空間，一個他毫無權限進入的地方。他不再只是一個陌生人；雖然不知道長相，但是現在他已經成為你的敵人。

遭受攻擊就更糟了。一名陌生男子在黑壓壓的停車場強暴一名女子。她所受的屈辱已達極限。她不知道歹徒的名字，只是感受到他的侵犯。然而她已經無法只把他看作是一名陌生人，他成了她的敵人，她受到暴力侵犯的牽連，被仇恨圍繞孤立。

然而，並非只有陌生人才會做出殘害的事。其實大多數施暴的人，殘害的是與自己有關係的人。不去外面獵豔的丈夫卻在家毆打妻子，還宣稱他們忠於婚姻。絕對不會遺棄家人的父親卻會毒打小孩。我們對與自己有關係的人可能更加殘酷。有些殘害不會讓人鼻青臉腫或是斷手斷腳。我們可以不碰觸別人，卻對他們做出殘忍的事。我聽過媽媽毫無理由地對兒子說，他是個爛孩子，比一文不值還糟糕。我也認識一些父親不斷地對女兒說，她們沒比娼妓好到哪裡去。

我在歐洲的時候，有一次在一個派對上，一位美國丈夫哄騙他那個只懂匈牙利文的妻子說一些英文髒話，讓客人當作餘興節目。若那位妻子知道這些字的意思，肯定嚇壞了。我覺得這位丈夫殘忍地以貶低人格的侵犯待他的妻子，跟揍她沒兩樣。當下，我都覺得跟她一樣被殘害了。

We Hurt
心受了傷

　　只要我們貶低他人的尊嚴，就是在殘害他們。可能是強暴，也可能是使人蒙羞的侵犯。無論是誰做出殘害的行為，對我們都直接產生巨大的衝擊，得經過極痛苦的掙扎才能寬恕他們。

　　講了這麼多關於個人的、不公平的和入骨的傷害，這些都讓我們進入寬恕的第一個階段。

　　一般不需要寬恕的輕傷，若是不斷重複就有可能累積成重傷。例如貝蒂老是重複一個行為，只是為了使你厭煩，她就持續地引起你對她產生些許的煩感。她很有可能想要貶損你，卻又不想冒太大的風險。她想要藉著羞辱來傷害你，可是又沒有膽量正面襲擊，她所製造出的厭煩對你造成影響與傷害，而你不能因此而輕忽這些傷害。

　　輕蔑與冒犯也一樣。若你的上司總是忘記與你有約，她的忽視對你來說就是藐視。若你的父親從未花時間聽你說你的困擾，他對你的忽視就接近不忠。若你的朋友得知你生病或是有困難，卻從未打電話給你，他對你的忽視就等同於不忠，因為他把你當做陌生人對待。

　　你怎麼知道可遺忘的小過犯，已經成為令人難以忍受的重大罪行，而需要啟動寬恕機制呢？這只有你碰上了才會知道了。你無法替他人劃定界線，必須要親身感受其中的差別。有些人只要他們感受到一點點傷害，就會把所有的輕微過犯視為重大罪行；有些人讓自己成為他人傷害的目標，幾乎任人宰割。可是其實兩者確實不同，而成長的痕跡之一，就是你必須在成為受害者經歷疼痛的擊打時，還能分辨兩者的不同。

2.

We Hate

萌 生 恨 意

　　仇恨就像一隻老虎，在靈魂裡吼叫。對於任何至深且不公平的傷痛，我們的自然反應就是恨。恨惡所有錯待傷害我們的人，是我們的直覺反應。

　　可是當我們恨惡某個人的時候，我們的感受到底是什麼？尤其是當那個人是我們所愛的人，或是曾經愛過的人？

　　也許我們只是消極地恨惡，對他們懷著些許的惡意，讓我們無法祝福他們過美好的生活。

　　我常常有這種消極的恨意，而且如果大家願意袒露真相的話，我相信有很多人也跟我一樣，容易愛人，也容易恨人。曾經有人咬耳根散播關於我的謊言，每當我想到他，就無法打從心底希望他能飛黃騰達。我不會希望他死，只是不想他有生之

年過得很好。至少,不能過得比我好。我無法誠摯地為他祈禱,希望他成為我們共享的小小天空下一顆閃亮之星。

　　另一方面,有一種激烈的惱恨會讓我們失去理智。一個女人會希望她的前夫感染疱疹,或者至少跟他的新任老婆過著悲慘不幸的生活。你會希望那個剛找到新工作的朋友被炒魷魚,因為他把你的秘密說了出去。我們也許可以接受他們得到的報應能稍微和緩一點,但是我們也有可能希望我們的敵人人頭落地。無論是哪一種心態,我們不僅內心正面能量乾枯,無法祝福那個人,甚至已經由衷地希望他們噩運連連。我們蓄勢待發採取攻擊行動,這就是激烈的仇恨。

　　如果你是消極地憎恨,就會喪失由愛而生的熱情,無法給予祝福;如果你是激烈地憎恨,就會受到一股敵意的熱情驅使,想用一陣颶風或是冷颼颼的東風擊斃某人。

FORGIVE and FORGET
寬恕，是真的可以嗎？

　　不論是消極或是激烈的恨意，仇恨使我們與原本應該有關係的人分離，仇恨將他們從我們生命中剷除。那麼他們到哪兒去了呢？他們被丟到一個只會發生壞事，好事絕對不會找上門的地方。仇恨就是一種內在的暴力行徑，迫使人與人分崩離析。

　　有時候仇恨會分裂我們的靈魂，使我們對同一個人有一部分充滿恨意，另一部分卻充滿愛意。妻子愛丈夫那個性感吸引人的外表，卻恨惡他野蠻不顧情面的行為。丈夫愛妻子全心投入經營婚姻，卻恨惡她對他的需要漠不關心。父愛就像我們呼吸所需的氧氣，我們愛能夠給予這種愛的父親；當他的愛無法伸手可得時，就像遙不可及的獎勵，我們就會抓狂而恨惡他。就是這樣，沒錯，這種愛恨交織的二重奏可以無止境地上演。

　　恨的炙熱火焰與愛的舒緩清流同時存在，迫使人們分離的恨意，與促使人們相聚的愛意同住在我們的內心。我們恨惡至極的人，往往也是讓我們愛得最深切的人。

　　憎恨最終需要得到醫治。消極的與激烈的恨意都屬於惡性，非常危險，若是任憑它自由發展，最終可能致命。恨一個人絕對沒有任何益處，心懷恨意的人會比所恨的對象傷得更重。

　　千萬別把恨意與憤怒混為一談。需要得到醫治的是憎恨，而非憤怒。

　　憤怒是我們還活得很好的徵兆。憎恨則是我們生病需要醫治的兆頭。

健康的憤怒促使我們改變現況，移除造成憤怒的地雷；憤怒可以讓我們有動力過得更好。仇恨並不會讓我們想把事情變好，而是反其道而行。仇恨想發出死亡的惡臭，對著惟有愛才能創造出的生命噴發。以下我舉出一些例證，好說明仇恨是多麼難治癒的疾病。

我們所恨的不只是邪惡，而是人

大家都說我們應該要「恨惡罪，愛罪人」。若我們能夠這麼收放自如，那真的是功力無量！我必須承認我沒這樣的能力，我所恨惡的邪惡與我所恨的人密不可分，就像皮膚黏在身體上一樣，我幾乎無法將它們扯開。

因此我所講的不是恨惡殘忍的行為本身，而是憎恨殘忍的人。我也不是在談論背信忘義的行為，而是背叛者。

若是大衛背叛我，我恨他，因為他傷害了我，而我的大腦無法將他的行為和他這個人分開。他這個人和他毀掉的承諾對我說是同一件事，同時烙印在我受傷的心靈上。

這種因為人的行為造成的痛苦所產生的恨意，一點也不健康，無法使人強壯，它是一種靈魂所生的病。

沒有人想承認自己恨惡某個人。因為那會讓我們感覺自己苛刻惡毒，所以我們就否認有恨意。我們把它藏起來，假裝看不見。仇恨對我們來說太醜陋了，我們無法接受自己有一整桶的恨意，甚至有那麼一丁點也不願承認。我們否認、偽裝，並且壓抑真正的恨意，它就在靈魂裡發酵。

可是我們就是會恨惡人。只有不食人間煙火的聖人，或是毫無情感的妖怪才會一輩子不知道恨人為何物。只有他們不會受到消極的恨意的干擾，也不會偶爾爆發，與激烈的惡意天人交戰。

若是我們否認仇恨，就等於是迴避寬恕這條道路。我們抑制恨意，自我調適，說服自己和別人我們是完全人，不可能憎恨別人。然而真相卻是，我們不敢冒險承認所感受到的恨意，因為我們不敢冒險原諒憎恨的對象。

即使內心的怒火翻騰，水面下波濤洶湧，我們的外表仍然要裝作風平浪靜。就在那個看不見的地方，我們的恨意得以隱藏壓抑，可是卻為充滿毒液的水龍頭另外找到了出水口，最終這些憎恨的毒液會以意想不到的方式流竄到我們的人際關係中。仇恨若被否認和隱藏，獨留它自由流竄，而我們則在溫暖歡樂的面具後面，被隔絕在冰冷的地獄裡。若是能夠感受並且承認自己懷恨在心，就會迫使我們做出決定，經歷寬恕的奇蹟，得到醫治。

為什麼要擔心呢？為什麼要為憎恨錯待他們的人而感到如此焦躁不安呢？

那是因為以人為焦點的恨意很難得到醫治。如果我們只是恨惡錯誤的本身，那麼當錯誤被導正後，我們就會恨意全消。但是當我們恨的是那個犯錯的人，即使他們所犯的過錯已成陳年往事，消失殆盡，我們還是對那個人懷恨於心，就像大樓火災之後，木頭燒焦的灰燼味道仍然揮之不去。

我們會將感受依附在受傷的那一刻，讓它永遠存留。每想起一次，就讓那個記憶傷害我們一次。它跟著我們旅行，陪著我們入睡，當我們在床上纏綿時盤旋在臥室裡，甚至我們入土為安時也籠罩著我們。仇恨也不會因為造成恨意的人過世而規規矩矩地消失，因為它就是個寄生蟲，要吸光我們的血，而不是其他人的血。

只有一種藥可以治癒它。

我們恨的往往是摯愛的人

通常我們會恨的都是與我們親近且相愛的人。我們恨惡那些原本應該與我們同一陣線的人，他們應該要對我們忠誠，應該要守信用。

我們通常不會恨陌生人，只會對他們生氣。看棒球賽的時候，我會對眼睛長歪的裁判生氣，也會對坐在附近喝醉酒大聲嚷嚷的人發怒。但是我不會對不認識的裁判懷恨，也不會憎恨根本不會再見到的醉漢。惟有當陌生人接近我們，並且侵入我們的隱私時，我們才會恨惡他們。

對與我們有關係的人心生恨意所產生的劇毒無與倫比。若我們所恨的人從未對我們發出承諾，也未曾與我們同生共死，更沒有觸動過我們的心弦，那麼對他們所發出的恨意一點都不會影響我們。可是，若有一個人破壞了我們彼此因著承諾與親密所經營的關係，其中的珍貴之處也就受到侵害。恨惡所愛的人使我們生病。

任何抗體對這種病毒都沒有用，但有一種抗體例外。

我們恨惡當受責備的人

每當我恨惡一個人的時候，就會判他一級傷害罪，認為他應該要為傷害我而負責，我會責備他。我拒絕原諒豪沃殘害我，即便是他童年也受到殘害才會如此。我不能因為珍天生就熱情如火，是體內賀爾蒙作祟而對我不忠，就不對她判刑。若是他們傷害了我，我就會恨他們。

除非我們失去理智，不然我們只會恨惡那些錯待我們的人，他們當受責備。

這麼說很弔詭，可是以某種角度看來，我們的仇恨是對那人的一種肯定。我們所恨惡的那個人與其他生物不同，他被尊榮地視為一個自由的人。我們對他的恨意告訴我們，這個人有自由意志，而他卻用來傷害我們。

我們恨惡一個該恨的人時，會感到再正當不過。那個渾蛋活該！我們本該有這樣的感受。若我們不憎恨故意傷害我們的人，那是天地不容的事。

We Hate
萌生恨意

神聖的憎恨最難治癒,只有一種解藥,但是要得到這種解藥很難。而且懷恨的時間越長,療效就越差。

我回想起麥可‧克里斯多福(Michael Christopher)的戲劇《黑天使》(The Black Angel),描述赫曼安格(Herman Engel)的故事。安格在第二次世界大戰中是一名德國將軍,由於他帶領的軍隊所做的暴行,被紐倫堡法院宣判三十年有期徒刑。他服完刑期,離開了監獄。劇中寫道他到了阿爾薩斯(Alsace),蓋了一間森林小屋,準備和妻子隱姓埋名,平靜地共度餘生。可是一位法國記者馬力歐(Morrieaux)卻對他虎視眈眈。

馬力歐的全家在戰爭期間被安格的軍隊滿門抄斬。三十年前紐倫堡法院拒絕判安格死刑時,馬力歐已經自己替他定了死罪。這個宣判一直存留在他心中,因為仇恨而炙熱地燃燒著。現在執行宣判的時刻終於到了。

馬力歐早就招募了一批盲從的狂熱分子。他們決定在當晚在山丘上聚集,燒了小屋,並擊斃安格及他的妻子。

但是馬力歐想要在行動之前先去找安格。因為安格三十年前的陳述有些遺漏之處,馬力歐對於無法拼湊完整實情感到煩擾。因此他提早上山,見了腳步搖晃的安格,花了一整個下午拷問這個前任將軍關於村莊大屠殺一事。然而這件往事對安格來說,就像是塵封已久的記憶,幾乎都忘記了。

◆

然而安格虛弱無力的體態，看起來就是個疲憊不堪的老人，一點也不像個猛獸。馬力歐感到疑惑了。除了很難將這個悲劇故事拼湊完整，他也產生了新的疑團。他復仇的意圖變得模糊不清，那股純粹的恨意也變得混濁。

接近傍晚的時刻，太陽西落，樹林變得像個巨大的洞穴。馬力歐洩露了村民正準備當晚上山來殺害安格。他提議帶安格下山，救他一命。

可是那天下午的拷問，也讓安格的心中產生了其他的疑問。安格沉默了一會兒，眼睛盯著一顆從樹上掉落的松果，緩慢地說：「我可以跟你走。可是有一個條件。」他瘋了嗎？怎麼可能？竟然要用條件換自己的生命？是什麼條件呢？

「你得原諒我。」

原諒？過去三十年，受到仇恨的驅使，已經在他腦中演練過上千種凌虐安格的方式。然而，親眼見到安格老弱的身軀，他的復仇計劃開始動搖。他想要救這個人。沒錯，他不要殺害安格了。

可是要原諒他嗎？不，他永遠不會寬恕安格。

當晚，憤怒的村民頭戴面罩，上山放火燒毀了小木屋，槍殺了安格與他的妻子。

現在我要問的是，為什麼馬力歐無法原諒安格？為什麼寬恕比救人一命還難？

We Hate
萌生恨意

　　我猜馬力歐無法承受寬恕安格，因為他的仇恨已經成了一種熱情，已經進駐在內心太久了。沒有了仇恨馬力歐無法存活，無法再次回到以前的自己。他已經成為了那股恨意。不是他掌握了那股恨意，而是那股恨意駕馭了他。若是不恨惡安格，他就不知道自己是誰了！

　　悲慘的是惟有寬恕才能釋放馬力歐重獲自由，但他卻無法寬恕安格。

　　若我們讓憎恨在心中滋生，成為巨大的力量，有一天會致命。世界上最棒的人有可能滿腹仇恨。仇恨可以小至朋友之間發生的小摩擦，也可以是像國際犯罪等問題那麼嚴重。

　　有時候仇恨只會蠶食心靈的邊緣，不會燒毀整個心靈。有時候我們只想要憎恨的對象離我們遠遠的，不一定要用刀抵著他的脖子。

　　然而，無論你的仇恨是讓心靈走向死亡的癌症，或只是煩人的胃食道逆流，沒有對症下藥就會使你受傷。你的醫治可能需要一場重大的心靈手術，但是也可能只要將傷口灼燒一下就能恢復。然而，對仇恨不理不睬會讓你損失慘重。

　　仇恨絕對可以得到醫治。因此，接下來我就要邀請你進入醫治的過程。

3.

We Heal Ourselves

接受醫治

　　我們準備好要跨出第一步醫治受傷的心。將你的心思從要被寬恕的對象身上挪開，現在也不要問犯錯的人得到寬恕後會如何。只要把重心放在受傷的寬恕者身上，專注地想想佛可和他的那雙「神奇的眼睛」，暫時先別管希爾達。

　　當你寬恕傷害你的人，就是在為自己的心靈動手術。你將別人加諸在你身上的錯誤切除，讓自己透過神奇的眼睛看見真正的「敵人」，並讓它醫治你的心。將那個人與他所造成的傷害切割，將傷痛放下，如同孩子打開手掌，將緊握在掌心的蝴蝶放生。

　　然後讓那個傷害你的人回到你的心中，重新再來一次，好像痛苦的記憶被打碎，並且重寫一次你們之間的故事，讓看似無法倒流的痛苦記憶之河倒流。

我們得到的第一份禮物就是眼光。

　　一旦我們寬恕別人，就會漸漸看到他們更深層與真實的樣子，之前因為受到仇恨蒙蔽而無法看見，也只有在將人與他們對我們的所作所為分開時，才得以看見他們最真實的樣貌。當我們醫治了記憶中的傷痕，我們就不再跟仇恨玩捉迷藏，不會假裝沒事。我們可以再次看清實情。其實那些傷害我們的人，既軟弱又需要關心，而且是容易犯錯的人。傷害我們之前他們是人，傷害我們之後也還是人。傷害我們之前他們軟弱又需要關注，造成傷害後也還是如此。傷害我們之前，他們需要我們的幫助、支持、與安慰，現在也需要我們這麼做。他們不只是傷害我們的人，這不是他們本來的樣貌。仇恨要我們將他們從頭到腳用一件大斗篷遮起來，這斗篷就是一件充滿惡行的破布。然而，神奇的眼睛帶來寬恕，讓我們看見衣衫襤褸的破布下，他們最真實的原貌。

新的眼光帶來新的感受。

寬恕讓我們看見仇敵的真面目，我們也因此對他人產生新感受。

講到感受，「毫不相干」這個詞也許派得上用場。例如，當你原諒我，我對你所造成的傷害，與你對我這個人的感受就不相干了。我所犯的錯誤已經不算數了，也沒關係了，沒有任何的分量，不會影響你對待我的態度。直到這一刻你已不再恨惡我這個人。我曾經帶給你的傷痛已經與你對我的感受毫不相干。

當然，我們不能費力地撬開枷鎖，使犯錯的人從所犯的錯誤中鬆綁，只能在記憶中釋放這個人。若是寬恕者能夠將錯誤從記憶中擦去，就能夠看見披著惡行斗篷下的那個人的真實面貌。因此，寬恕這個動作為寬恕者帶來了新的視野與感受。

聖經說上帝寬恕人也是如此。古代戲劇中演到贖罪的橋段時，上帝將人所犯的罪從背上取下，綁在一隻羔羊身上。他踹了一下那隻羔羊的屁股，叫牠向前奔跑。這隻「代罪羔羊」帶著所有的罪行跑到一個孤絕之地，使犯罪的人不再背負重擔。或者如同詩人在詩篇中所描寫的，祂將我們的罪抹去，好像母親將嬰兒臉上的污垢擦去。祂叫東邊離西邊有多遠，就叫我們的過犯離我們多遠，兩方永不得再相遇。

代罪羔羊？洗淨的臉？這是神在祂自己的腦海裡寫下如詩般的語言。祂改變了祂的記憶：我們曾經做過的事與祂對於我們是怎樣的人的感受毫不相干。

我們寬恕一個人之後，最初的感受也是如此。你寬恕了你的朋友琳達，也許只有你得到了醫治。你沒有能力強求琳達回到你的生命當

中，她不在你的控制範圍內。她有可能對你的寬恕不屑一顧；也許她還希望你恨她，好讓她也有理由恨你呢！因此，寬恕的時候要切記，只要自己的記憶重新改寫了，就該心滿意足。你的記憶經過修飾，為你帶來救贖。

如果你無法將人與他們所犯的錯誤分離，無法看見他們也是需要關心的人，那麼就是把自己囚禁在痛苦的往事中，因為將自己緊緊地跟過去綁在一起，也就讓憎恨成為你的未來。惟有將別人的過往與他們分離，釋放他們，你才能夠翻轉自己的未來。

寬恕是最真實的釋放，雖然只是寬恕者心中的轉念，無聲無息，外人看不見。寬恕很真實，因為它伴隨著真實的判斷、真實的痛苦，與真實的仇恨。真正的寬恕者不會佯裝自己不痛苦。他們不會假裝那些錯誤沒什麼大不了。神奇的眼睛會張開眼看清真相。

你怎麼知道醫治的旅程開始了呢？

如果醫治的第一階段是釋放，而且是你要對那個傷害你的人改觀，那麼有什麼徵兆表示這個旅程已經開始了呢？有沒有明顯的徵兆代表你已經開始寬恕了呢？

當你開始回想起那些傷害你的人，而且開始感覺到有能力祝福他們，就知道自己開始寬恕了！

憎恨從消極的恨意開始滋生，使你喪失祝福別人的動力，而寬恕就是憎恨的解藥。因此，若我們開始感受到極微弱的渴望想要別人過得好，我們就開始寬恕了。我們開始釋放那些傷害我們的人，將他們與對我們造成的傷害分離。

當我跟我的朋友瑪拉伯格（Myra Broger）談論到寬恕她的前夫時，因寬恕而帶來醫治的徵兆再也明顯不過了。

瑪拉是一位長得非常漂亮的演員。在幾年前的一場車禍中，肇事者駕車逃逸，而她險些喪命。她的腿瘸了，但是美麗與風采依舊。她的先生是一位電視與電影明星，瑪拉從意外中康復之後，先生就離她而去，瞬間而無情地留下瑪拉獨自一人。

我問瑪拉是否能夠原諒他，她說她覺得可以。我追問，為什麼覺得可以呢？她回答道：「我發現自己希望他過得好。」我繼續問下去，「如果今天你得知他又娶了一位年輕性感的女星，你能祈禱他們過得幸福嗎？」我以為她會因為我這麼無情地逼問而大發雷霆，但是她卻悠然自得地回答道：「我可以，而且願意這麼做。史蒂夫需要很多的愛，我希望他能夠擁有這一切。」

我不太能相信。她聽起來太過於單純與體貼。但是後來我漸漸瞭解，她的寬恕發自內心，她活在自由且得著醫治的記憶裡。她是真心希望前夫過得好。

毋庸置疑，這雖然不是如奧林匹克比賽一般的壯舉，能為他們的關係另起新局，但卻是很重要的開始。我不知道瑪拉的神奇眼睛是否能夠改變前夫的生活，但確實讓瑪拉的世界不再一樣。憎恨消失了，仇恨的粉塵剝落，水泥牆終究會倒塌。

很多著名的思想家不覺得記憶得到醫治可以算作是寬恕，因為那只不過如曇花一現，是短暫的高潮。已故美國神學家保羅田立克

（Paul Tillich）就是一個例子，他說道：「真正的寬恕需要兩人的參與，破鏡重圓，不再形同陌路。」田立克認為，除非兩個人能夠重新展開新的關係，彼此接納，彼此貼近與親密，不然就不算是寬恕。要能真正地完全寬恕，一定要兩個人再次重修舊好。

我認為田立克錯了；我們可以掌握事實，可是不一定要掌握大局。即便無法登頂，我們還是可以享受美好的登山過程。

性愛可以很美好，即使沒有達到高潮；寬恕也可以很真實，即使寬恕的對象離我們很遙遠。我們不需要否認不完全的寬恕所帶來的醫治；我們可以寬恕，並且在自己的記憶裡得到釋放與自由。

然而，只要不踩煞車，寬恕確實會創造奇蹟，帶領一個得到醫治的人，回到那個傷害他的人面前。

讓我們繼續邁向下一個階段，一個嶄新的里程碑，看看兩個分離的人如何破鏡重圓。

4.

We Come Together

恢復關係

我一直很喜歡蘇格蘭神學家麥金塔（H. R. Macintosh）為寬恕所下的定義。他說，「寬恕是一個主動的過程，由受傷者的心靈所發出。他摒棄了道德障礙，與加害者交流，重建友誼中的自由與快樂。」

「摒除道德障礙，去交流」是完成寬恕的關鍵。

要記得是別人所做的行為造成了「障礙」，使我們無法相處，無法真正交心，也無法共處一室。若別人不公平地傷害我們，而且傷得極深，那個錯誤就卡在中間。他們讓我們覺得遭受錯待，無法輕易將錯誤抹去。然而我們內心深深瞭解，那個錯誤使我們分離，若是忽視它，彼此的關係永遠都會很彆扭。

若我們假裝若無其事，忽略「道德障礙」的存在，那麼我們就開始過一個麻痺的生活，而且沒有人會在意。

We Come Together
恢復關係

重點不在於我們很敏感，因為我們沒有滿腹怒氣，難以取悅。我們只是想要尊重自己是誰，也想要將情誼導正，兩人才能真誠地相愛。

惟有神奇的眼睛才能將寬恕者心中的「道德障礙」挪走。現在假設神奇的眼睛已經醫治你的心靈，你已經將憎恨清空，也把報復的慾望投入水中。你不再需要復仇的酸葡萄心態來滿足自己。

但是要能夠「重建情誼中的自由與快樂」須要付出什麼代價呢？

受害者與加害者兩方必須要安排一次真誠的重聚，神奇的眼睛無法做到這一點。

你要向錯待你的人伸出手，對他們說：「回到我身邊吧！我想再跟你做朋友。」

他們所犯的錯誤及你的仇恨，在你們之間築了一道牆。當他們握住你的手，跨越無形的牆，他們也必須付出一些代價，作為重新展開旅程的費用。

若是他們不能或是不願意付這筆旅費，你就得獨自繼續療癒的旅程，獨自擁有從憎恨中被釋放的自由，以及個人的內在安息。

他們要付上什麼代價呢？

他們必須要能夠誠實。若不誠實，重新相聚不過就是場騙局，是個錯誤。惟有誠實才能開啟另一段真實的關係。

何謂誠實呢？

誠實是一種心理狀態，與你的真正意圖有關。你的話語必須將真實的意圖表達清楚，你的所言與所想必須有一樣的頻率。你向外界傳達的信息必須與內心的感受一致。

關於誠實還有另外一點，就剩這一點了！你至少必須嘗試讓你的心靈與口中的話語符合現實狀況。

以上就是我所謂的誠實，而那些你所寬恕的人必須帶著它，才能重新回到你的生命中。

說得更明確一些，你必須期待那些傷害你的人，能夠真實地接受他們須為你的崩潰與痛苦負責。

他們必須瞭解自己做了什麼使你受傷

他們必須明白，因為他們所做的事情使你受折磨與痛苦，對你來說並不公平。你不該感受到受傷，無論那件事到底有什麼意義，他有什麼意圖，你都受了你本不該受的待遇。

◆

他們也必須明白，那個傷害非常的深。傷害深到你覺得若不能抹去，你就無法活下去。他們可能會發現自己很愚蠢，自己那個小小的刀鋒，竟然割傷了你的心。千萬別在意，我們總是會驚訝地發現自己「小小」的錯誤，竟然會傷害別人。重要的是你感受到極深的痛苦，無法讓他們再靠近你，也不能再像以前一樣分享心事。他們必須用心，帶著情感，用言語表達你所受到的傷害。

你不能期待他們在每個細節上與你意見相同。從來沒有兩個人發生誤會，對痛苦經驗會有一樣的記憶，記得一樣的事發經過，因為沒有人對傷害的經歷會一模一樣。因此，如果你想要的是完全一樣的回憶，每一個責罵，每一次羞辱，每一個傷害，你將永遠都不會如願以償。

然而，他們必須誠實地看待所發生的事，從你的眼光看待使你痛苦崩潰的風暴。你則必須相信他們真的這麼做，才能再次全然接受他們回到你的生命中。

他們必須真實瞭解你的感受

要能真實瞭解你的感受，對於你所受到的傷害，他們必須感同身受。他們要能夠不只是理智上明白，那個感受更要滲透到心底。光是承認他們傷害了你並不足夠，他們必須真真切切地感受到那個傷痛。你們的感覺要一致。

他們如何能感受到你的痛苦呢？他們要能感受到那個痛苦在內心深處回盪。你覺得他們的不忠是不公平的傷害，讓你恨惡他們，把他們當作陌生人。現在，他們必須感受到真實的自己，與過去那個傷害你的自己也像陌生人；他們必須因為傷害了你而恨惡自己。

◆

你們的痛苦形成了兩個對應點，這樣才能演奏出復合的韻律。當他們的痛苦所敲打出的節奏與你的節奏互相呼應，他們的感受就變得真實了。他們的情感隨著你的情感的節奏而動，他們往前跨越了一步，更接近真實的破鏡重圓。

他們必須真實地聽你傾訴

他們不能只靠言語表達真實。一個人的獨白，即便再真誠，也不足以使兩個人重聚。因此，你們的關係要能修復，他們所表現的真誠必須從傾聽開始。他們想要重新與你建立關係的代價就是傾聽的耳，願意表達的口，只能完成旅途的一半而已。

他們必須要聽你傾訴直到聽懂你的需要，明白你的抱怨，瞭解你的呼求。一開始，他們會因為自己的渴望與恐懼而過濾你發出的信息。他們會想要重新整理你說的每個字句，直到你所說的符合他們想聽的為止。因此，你一定要確保他們傾聽的時間夠長。

你也要傾聽他們的回應，確認他們真的聽懂了。你得誘導他們回應你，經過好幾次之後，引導他們反覆多說幾遍，直到你可以確認他們真的聽懂你所說的，瞭解你所表達的需要。只有這樣，你才能清楚知道他們的確真誠。

對於未來的關係他們必須真實

兩個人經歷關係破裂，要準備修復關係的時候，彼此真誠相待也代表著需要給予承諾，而且願意信守承諾。那些傷害了你又要回到你的生命中的人，必須承諾他們不會再度傷害你；你也要能夠相信他們會說到做到。

他們承諾未來會在你身邊，當你需要他們的時候，他們會陪伴你，依照你們的關係盡其本分。

你不該要求過多，但是也不能過少。他們無法給你十足保證，不像你可以依靠電腦或是一隻訓練有素的狗。他們是平凡會犯錯的人，不是神。你在他們身上下了賭注，就得冒險一試。然而，若他們是真心的，就會蓄意信守承諾。他們的真心會使命運站在他們那一方。

你不一定要完全真實才能開始寬恕他們。你的寬恕是為了醫治記憶中的傷痕，與其他事情毫無關聯，那是你為了自己而行的恩惠之舉，受惠的是你靈魂最深處的細胞。真誠是為了讓寬恕的過程達到最高的境界，並且圓滿地畫下句點，讓原本相屬卻又在心靈上分離的兩人破鏡重圓。

我們已經談過復合的必要條件。現在就可以將焦點放在每個破鏡重圓的過程會遇到的實際限制。

破鏡重圓受到時間與情境的嚴峻考驗及限制。

時間塑造並且掌握了所有重逢的條件，即使是不求回報的寬恕，也無法打破這個規則。我們無法讓時間倒轉，回到比較快樂的那一天。從事情發生到願意原諒，當我們再次相聚的時候，時間並不允許我們假裝什麼事情都沒有發生。我們自己改變了，也有了新的角色，不可能因為原諒了一位友人，並邀請他再次進入我們的生命中而放棄現在位置。

　　如果你寬恕了某人，也想讓他重新回到你的生命中，你一定得非常實際地問自己這個問題：從情誼崩解到願意寬恕的這段期間，兩人各自的生命經歷哪些改變？

　　我知道有時候這段期間非常短，所以我們的角色沒有任何變動。妻子原諒丈夫因愚蠢的衝動而外遇。丈夫極度想要回到她身邊，他的真愛因為需要未得滿足而顯得孤單，而他也因此而顯得失神憔悴。妻子對他展開雙臂，當他再度返航回歸妻子的懷抱時，整個人早已歷經狂風暴雨，重獲新生。他們重逢的場景可能是一場翻雲覆雨的纏綿，使兩人欣喜若狂，感謝分開的這段日子重新點燃彼此之間的愛火，及對彼此的渴望。

　　然而故事也非千篇一律如此。也許丈夫總是與漂亮的年輕妹妹搞外遇，妻子已經原諒他幾百次。這次也不例外，但是沒有床第之歡，只有一個帶著吸引力的無聲嘆息，「好吧！就這樣繼續走下去吧！」他們也就真的繼續走下去，那盡在不言中的忠貞成為維繫此關係的隱形線，至少夠強韌使彼此可以重新開始。雖然不是心醉神迷的愛，也不會將對方緊緊擁入懷中，但是把一切都說得明明白白，總好過因仇恨而形同陌路。

　　有時候因為關係崩解太久了，期間堆積了太多事情，修復關係時你能做的選擇確實有限。我朋友的前夫對她造成的傷害太大，她實在無法與前夫共度餘生。他們的離婚使彼此撕破臉，之後她又因為發現前夫愛上比他年輕二十歲的女人，對他萌生恨意。那是四年前的事情，她也早已原諒前夫，對他不再懷恨，也寬恕了他，瞭解當初他是個極度脆弱的人。她邀請前夫修復關係，再次參與彼此的生活，可是前夫卻無法這麼做。

We Come Together
恢復關係

　　他已經再婚三年，現任的妻子就是當時與我的朋友還是夫妻時所認識的女人，是他的摯愛。因此，我的朋友與前夫現在只能保持距離，無法復合。他可以當友善的前夫，而我的朋友也會祝福他與現任的最愛幸福美滿，雖然她曾因為這個女人而對前夫恨惡至極。他們有可能會互通電話，聊聊孩子的狀況；也有可能因為孩子的緣故，他們會在聖誕夜相聚片刻。

　　我們無法完全重拾過往時光，只能寬恕彼此，並在時間與現實環境條件允許下重修舊好，破鏡重圓。

　　我認識一位表現耀眼的女性，她對於是否要寬恕父親感到十分掙扎，但卻想與父親修復關係到某一個程度。她的父親是一位基本教義派的牧者，對於別人生命中的各種是非對錯瞭如指掌。他對人傳講若不遵守神的道，就會遭受上帝憤怒的審判，往天國的路很窄，而天堂的門很小。儘管如此，他卻在我這位朋友年紀很小的時候對她性侵，甚至說服她相信，與神有美好關係的父親絕對不會犯錯。她十七歲離家，躲避父親，並發誓絕對不要再靠近他。

　　現在，經過十五年的分離，她已經從仇恨中得到釋放與自由，渴望重新擁有這位父親。但是她清楚地瞭解自己不可能再像個小女孩引頸期盼父親回家那樣，讓父親再次介入她的生活。她不可能再度做父親的小女孩。

他們可能會互換角色，她也許需要照顧父親，把父親當作孩子看待。無論如何，她內心最深的渴望都無法實現，無法再爬上父親的大腿，在他強壯的膀臂下休息，還有曾被他扭曲成殘忍侵犯的關愛。假使他們真的有可能破鏡重圓，她明白這樣的相聚並不能使她重拾失去的童年。

以下是一個悲傷的故事，但我們卻越來越常聽見類似的事情。傑克和珍的友誼曾經非比尋常，但是珍是單身，而傑克卻是有婦之夫。他們的性關係就毀了這段友誼。傑克承諾決定放棄，並且冷酷無情地快刀斬亂麻，立刻抽離，使得珍落得一無所有。她用恨填滿了所有的空虛。她嚴重地受創，為了自己被利用而對傑克憤恨不已整整兩年。後來漸漸地，連她自己都很驚訝的，她原諒了傑克。珍得到了醫治。

然而，她現在不能再像三年前那樣真摯地與傑克相愛。再聚首，他們一定得保持遙遠的距離，透過通信、寄送聖誕卡，或者在忙碌的角落簡短通話，關心彼此過得好不好，僅此而已。在現實的界線中重新發展友誼。

愛的體現像是精細的藝術，受到時空框架的限制。過往的痛苦所造成的傷害會得到治癒，但是治癒的過程卻受到局限。從關係崩解到復合，這期間所發生的事情都足以影響療癒的過程與結果。一段失而復得的關係要重新出發，它的起點不會跟以前一樣，也不會如我們所想，只能把握當下的時空與環境，並從那裡開始繼續向前邁進。

接受局限就是一種誠實的表現。用水製酒尚可接受，但你絕對不可能用白膠釀酒吧？！一段關係的嶄新開始一定得符合當事人當下的

We Come Together
恢復關係

生活景況。就在今天，就是此時此刻，我們決定寬恕彼此。看清楚彼此可做哪些選擇，然後展開復合的冒險之旅。

同樣地，當我們重新來過的時候，對未來也是一知半解，無法瞭若指掌。我們可能永遠都不會明白當初為何會受傷。然而，完全明瞭並非寬恕的條件。通常是在寬恕之後，才會一點一滴，東拼西湊地明白發生了什麼事。因此，若要在一開始就弄懂所有的道理，就有些強人所難，不切實際了。

你一定得在謎團中重新開始。他對你來說是個謎，你也會想要讓他覺得霧裡看花。他一定得知道比起與他四目交投，你還有更重要的目的。因此，你們可以互相談論分享心中的惡魔與天使，為彼此留一些空間去思考與想像。只要你準備好不要先解開他的謎團，願意重新開始，你們之間模糊不清的狀態，就會隨著時間慢慢地撥雲見日。

5.

Some Nice Things Forgiving Is Not

寬 恕 並 非 總 是 美 好

　　你寬恕了那個帶給你極深且不公平傷害的人，就是行了一個獨特的奇蹟，沒有任何事情與寬恕相同。寬恕有屬於它的感受、色彩以及最精彩的部分，跟其他人際關係中的任何舉動都不一樣。

　　寬恕的獨特性來自於最痛心疾首的部分得到治癒。我們必須這麼做，只因為我們活在一個愛會被不公平的痛楚粉碎的世界裡。這一點與精湛外科手術的美感有雷同之處，然而傷口的癒合來自揭開過往的傷痛；正因如此，我們不應該隨便把這個癒合的過程與其他美好的事情攪和在一起。雖然處於不愉快的狀態，我們還是可以為彼此做很多美好的事情。我們需要對寬恕的藝術所具備的獨特性，培養極佳的品味。

　　所以現在讓我們來試試自己的敏銳度，看看是否能分辨寬恕的奇蹟，與和平共處之道的細微差異，好讓彼此在這個不公平的世界裡相處融洽。

1. 寬恕不代表遺忘

我們原諒某個人，卻不會忘記他傷害我們的舉動；不像小提琴上的弦，寬恕裡面不包括遺忘。

從最基本的來說，若是你忘記了那件事，就無從寬恕，你永遠不可能在記不得的事情上寬恕人。你需要精確地寬恕某人，因為你無法忘卻他所做的事情。你的記憶讓痛楚歷歷在目，即使真正的傷痛早已停止。記憶就是你的痛苦倉庫，也是因為如此，你才需要得到治癒。

事實上，遺忘是頗危險的方式，使我們逃離內心的手術，也就是寬恕。我們會遺忘兩種痛苦的感受：一種是太過支微末節，我們根本懶得去記得；另一種是太過劇烈，遠超過記憶可以承受。

感謝上帝我們不會記得所有微不足道的傷痛，在人生旅途中受傷而瘀青的感受，我們不會一一記得一清二楚。若非傷得很深，通常我們會讓它自行癒合，然後就忘記了。前陣子有位老友來找我，要我原諒他對我做的一件事，我根本不記得是哪件事了，即便他試圖攪動我的記憶，讓我想起來，我也想不起來。他說他需要我的原諒。我想讓他相信我明白他的需要，我會當作他從沒跟我提過這件事一樣，跟他繼續做朋友，但是我沒辦法原諒他。假若他讓我記起來是哪一件事，想起過去的傷痛，我就可以原諒他。但就如同我說的，我沒辦法這麼做，我只能愛他，並藉此使他不再感到我們之間的隔閡，可是其實我一點都沒有覺得我們之間有隔閡。

那些我們不敢記起的痛苦最危險了。我們害怕面對那些受過的傷害會帶來極為恐怖的狀況，所以我們把它塞進心裡那個叫做無意識的黑洞，就覺得它不能傷害我們。然而，那個傷痛只是如同魔鬼戴上天

使的面具，換個裝扮繼續來干擾我們。它會先潛伏一陣子，然後悄悄地給我們一記重拳。

遺忘有點兒像俄羅斯輪盤，就像女人「忘記」一個月前在胸部摸到的硬塊一樣。

話說到此，該亮個警告燈了：絕對不要將遺忘錯當寬恕。一旦我們寬恕後就得到了遺忘的自由，這時候的遺忘是健康的表現，因為它不是逃避心靈手術的把戲。我們能夠遺忘是因為已經被治癒。

然而，即便寬恕之後比較容易遺忘，我們也不該將遺忘當作寬恕的試紙。是否徹底寬恕的試金石，應該是看過去的傷痛是否還藕斷絲連，而非忘記過往當作什麼都沒發生過。

沒錯，聖經告訴我們，上帝應許會寬恕我們並遺忘我們的過犯。耶利米為耶和華發聲說道：「我會赦免他們的罪，並不再記念。」可是上帝遺忘的方式跟我們一樣嗎？就像我們忘記鑰匙放哪裡一樣？當然不是！上帝沒有得健忘症，祂說祂已經忘記了，就代表祂現在對我們的感覺，就如同當初應有的感覺一樣！

我們也是一樣啊！你能夠把記憶放在一個銅板上，然後翻面，讓它往另一個方向旋轉，好像把錄音帶倒帶那樣嗎？我們無法隨心所欲地遺忘，因此只能讓遺忘自然而然地發生。我們不該過於心急，即使寬恕後偶爾又想起那個傷痛，也不應該懷疑寬恕的真實性。

最重要的是，在還記得痛苦的時候，我們卻有力量寬恕。之後我會再多談談遺忘，以及關於不好的記憶的一種治療方式。現在的重點是：寬恕與遺忘是兩回事。

◆

2. 免責不是寬恕

免責與寬恕互相對立。我們免去他人的責任或義務，表示瞭解他們不須負責。也許是魔鬼要他們傷害我們，或者有特殊狀況可解釋，我們不能怪罪於他們。那麼又為什麼要原諒他們呢？我們需要寬恕人，是因為他們必須為某件事負責任。

我們免去別人的責任，是因為瞭解他們當初會那麼做，有著逼不得已的原因。一句法國諺語說：「全盤諒解就是徹底寬恕。」可是我覺得這句話並不完全正確。若全盤諒解，才會替他人找藉口免責。

免除一個人應負的責任並不是大恩大德的作為，只需要一點點洞察力就可這麼做。

我們都需要很多推託之辭。我們今天會成為什麼樣的人，多多少少跟別人如何對待我們有關，例如父母、老師、或祖先。

我們一出生就拿到一副人生的撲克牌，這一生就靠這副牌。這副牌裡有些是好牌，那麼我們就很幸運，可是裡面也有鬼牌。當然，拿到那些爛牌，就是我們從來都不想拿到的牌，不是我們的錯，自然也就不需要因此而被寬恕。我們要負的責任，以及能夠被寬恕的原因，是我們如何出牌。想一想你可以用哪些理由告訴別人，你做的那些壞事其實錯不在你。

你的基因。你的染色體上面，有一個 X 染色體跑到原本應該是 Y 染色體的位置，所以你的基因架構就不穩定。問題出在你的 DNA。你不需要任何寬恕，而是重寫程式。

你的心理健康。你爸爸總是以退為進，屬於被動型侵略者，而你媽媽則有躁鬱症。在他們的影響之下，你今天才會有這樣的性格。你不需要寬恕，而是接受心理治療。

你的文化。你的文化也造就了一部分的你。在你所屬的文化中做該做的事讓你愉快，可以避免一切因文化帶來的痛苦。我們沒有任何理由寬恕你，若我們真心想要幫助你，我們可以改變那個塑造你的文化。

你看，一點都不需要恩典，只需要一點點人類聰明才智的巧妙工作。

但是如果你最後還是說：「沒有理由可以解釋他們所做的一切。」這個時刻，我們就得承認他們自由選擇的原因是一個謎，也就需要展開寬恕的第一步。

老實說，有時候找藉口與寬恕只有非常細微的差異。我的腦海突然浮現兒童時期的兩位朋友，法蘭克庫斯特以及李奧賽德曼。

首先來講講法蘭克吧！有一年夏天在密西根，我爬上一個很高但是搖搖晃晃的工作梯，好讓我搆得到最高的樹枝採櫻桃。隔著幾棵樹，我聽見法蘭克在跟一個陌生人講我的壞話。他看不見我，但是字字句句我都聽得一清二楚。當下我的感受是好像死了一樣。

法蘭克對我來說是個很特別的朋友。大約在我十歲左右的時候，每年夏天媽媽都會帶著我去拜訪她以前在鄉下認識的老友。那時候我們住在密西根州的穆斯可岡市，他們家是個農場，得沿著一條石子路

往下開，離我們家 15 英哩遠。在那個農場上住三天，就算是我們的暑假了。當我越長越大，漸漸農家男孩得開始做男人的工作時，我就更覺得那段時光最為快樂愜意。

　　然而論及工作的話，我完全被放在一個錯誤的位置上，情況糟糕到一個農夫會感謝老天爺他沒有一個像我一樣無能的兒子。我完全不是務農的料！

———————◆———————

但是，法蘭克這個道地的農家男孩，卻全然接納、包容我。跟法蘭克在一起，我覺得就像是他的親人一樣。我們會花上數小時坐在拖拉機寬廣的椅子上，一起沿著一樣的路線，從兩側趕牛進棚擠奶，並肩搬運剛割下的乾草。我一直覺得，我們之間有著很深刻的連結：這些在陽光中度過的沉默時刻，共享土壤的秘密，還有一窩本來差點被我們鏟到的小兔子，牠們落得四處竄逃，因為法蘭克的眼睛很銳利，總能看到表土上些微的異狀；我們也在早上十點鐘時，在蘋果樹蔭下共享一個臘腸三明治當午餐。喔，沒錯，我們之間的連結緊密。

那一天在果園裡，他也在那裡和一個與他同齡的農人朋友採櫻桃，就離我的位置幾棵樹之遙，他看不到我，但我聽得到他。

他在說他父母城裡來的朋友——也就是我們——的壞話。彼特和偉斯，我的兄弟，還不錯，是好人。不過呢，魯易斯就是個廢物，他說。「如果天下起跟椰子一樣大的冰雹來，那傢伙也蠢到不知道要躲進屋裡。他一無是處。」

我？沒錯，法蘭克在說我的壞話。在全天下所有人裡，我最希望會喜歡我的這個人，竟然在跟陌生人說我是一個失敗、沒出息的人，是多餘的。我覺得好像被他捅了一刀。

是的，就如同我現在回想的那一刻，我發現自己免除了法蘭克讓我覺得被遺棄的責任。他也只是根據他看到的現實在評估，透過他所能夠擁有身為一個農夫的視角來看。我可能是一個周遊列國的商人，或爵士歌手，或甚至是牧師，可是他對我可能擁有的其他謀生能力並不感興趣。他評量身為農夫的我，就好像一個棒球球探評斷一名二流聯盟的三壘手一樣：如果這傢伙打不到曲球，誰管他會不會微積分？

所以，法蘭克的責任被免除了；在我眼中，他幾乎無可責備。

李奧賽德曼就不同了，他需要被寬恕。李奧是穆斯卡根高中足球校隊大紅人隊的教練。高中那時的我很瘦削，總是得很努力才能通過那些被其他人嗤之以鼻只是「熱身」的各種障礙賽場。

我這個對於要在更衣室露出瘦弱身材感到非常羞愧的小男孩，他們哪會在意呢？我厭惡自己的身體。

我討厭那些其他人非常平坦圓滑、但自己卻瘦到露出骨頭的地方。我最討厭的部位是我的屁股，臀部的骨頭從身側突出，就像是身體裡頭有劍要從我皮肉之下的劍鞘中刺出一樣。

每次上完體育課準備要洗澡的時候，就是帷幕從我的臀骨揭開，讓我得面對這個痛苦事實的時刻。一週兩次，我的臀骨在男子更衣室的舞台中央拋頭露面！班上的每個人都會看到我的臀骨，他們一定會在心裡偷偷嘲笑我，然後想著，還好他們不是我。我心知肚明。

所以，我只好作弊。我會把衣服脫掉，打開置物櫃，東摸西摸，然後把毛巾圍住我的屁股，再拖著腳步小心翼翼地往淋浴間走去，在外頭晃個一兩分鐘，吹吹口哨，一邊看向更衣室的門口，以防教練走進來。他通常會把毛巾隨意的圍著屁股。然後，沒有洗澡的我，會信步踱回我的櫃子前，偷偷地把衣服穿回我汗流浹背的身體上。

通常，我都能安然度過。

　　但是，有一天李奧逮到了我。他蹣跚地走向我的置物櫃，大紅人隊的總教練站在我的面前。他身形高大非常，臀骨被三層極為美麗的脂肪保護著，是所有瘦巴巴的孩子為之垂涎的。他應該至少有三百磅（一百三十六公斤）重吧！他站在我面前，低頭看著我，眼神凌厲，嘴唇緊閉，一副強硬的樣子。他咆哮著說，我一直看著你！我最好相信他，這一次看來我是逃不掉了。他說，他要好好教我不能再作弊假裝洗澡，而其他人瞠目結舌，看著我脫下衣服，走進淋浴間。

　　一群孩子靠攏過來，就像一群人看著路邊一個在流血的人一樣。他們看著我，吃吃的笑著，等著我失血過多而死。好一齣戲！

　　李奧知道他在幹嘛，他就是想要傷害一個不喜歡自己身體的孩子。他大學畢業，六呎高（一百八十三公分），還受過關於瘦弱孩子的行為學教育。我想，他或許是需要一個研究對象，也或許，有肉的人需要再確認一次，胖總比瘦好。但我想他知道自己在幹嘛。所以我無法讓他逃脫責任。

　　李奧賽德曼！你有罪！我恨你！天哪，我真的恨你，但我能夠作的，就是寬恕你。

　　寬恕很難，讓人逃脫責任卻是簡單。如果把寬恕錯想成心腸軟、無力、膽小，喔，還有善解人意的話，那可就大錯特錯了。在我們寬恕之前，得先挺起腰板，然後找到那個需要負責的人。也惟有如此，在經過嚴實的評斷後，我們才能做到那非比尋常、不可能的事：寬恕。

3. 寬恕和息事寧人不一樣

　　有些人用息事寧人，避免衝突的方式輕描淡寫寬恕所需要付出的努力。如果他們開了店，他們也不會讓人藉著寬恕消弭衝突，而是掌控衝突，以確保大家都沒有饒恕的需要。

　　有些家長就對息事寧人很有一套。他們叫我們閉嘴，安撫我們，然後跟我們說，這些讓我們生氣的事情其實根本不值得大驚小怪。他們介入到欺負我們的壞小孩和我們中間，保護我們，安撫我們的憤怒，不斷試著讓我們平靜下來。他們會用「得了得了」、「好了好了」，讓我們的怒氣無從發洩，因此也無從原諒。他們會說，「原諒，忘記吧！」但他們的意思其實是：「不要大驚小怪，我受不了這些吵鬧。」

　　教會的牧師們似乎也無法克制地想管控對立，畢竟教會可不需要爭論，就跟阿肯色州也不需要龍捲風一樣。所以，當教區委員的老婆和管風琴手暗通款曲，如果有人威脅要把這事抖出去，快息事寧人吧，在可以把這一團亂掃到教會自決這塊厚毯下之前，最好眼不見為淨！如果有個執事被董事會的人批評，因而想要在隔天的會議中自清，快息事寧人！讓那個執事知道，沒有人會喜歡他引起喧鬧。我們絕對不歡迎對立。

　　關於控制衝突，能夠說的可多著了，天知道不是每個人都擅長處理這類事。我能給的小建議只有：我們不應該把用以息事寧人的這些技巧，和饒恕那些冒犯我們的人所需的高深藝術混淆了。平靜風浪和拯救溺水的人，可是兩碼子事，而息事寧人和助人彼此寬恕亦不相同。

4. 接納別人不等於原諒他們

我們彼此接納，因為我們還算是可被接受的，雖然有時我們的缺點讓接納這件事不太容易。人們通常帶著成串難以忍受的特質來到我們面前，但我們還是接納他們作朋友。即便好人背後也常跟著一堆令人難以恭維的特質。我們按著他們的本像，或他們可能成為的樣子接納他們，而不去理會他們的種種德性。

接納一個人的感覺跟寬恕很像。不過兩件事是不一樣的。接納和寬恕的差別顯而易見。我們因著人們對我們來說是個好人而接納他們；而我們為著他人所作，傷害我們的事寬恕他。我們因著人的好接納他們，但寬恕他們作的壞事。

接納人的三種方式，應該能幫助我們看見這其中的差異。首先，社交上的接納；第二，專業上的接納；第三，也是最困難的，個人上的接納。

當我們歡迎人們進入到我們的圈圈裡時，我們就是在社交上接納他們。這些人的習慣可能有點奇怪，甚至令我們反感。他們的生活方式可能會惹毛我們，也可能我們完全無法接受他們作事的方式。接納這些人，不代表我們想和他們成為朋友，然而我們認為他們配得在我們的群體中獲得尊重。

我們在社交上接納他們，因為他們符合條件。我們無權寬恕他們，因為他們沒有不公地傷害過我們；我們接納他們進入群體之中，即便我們不見得喜歡他們。

我們在專業上接納人，因為這樣才可以幫助他們。最靈巧，最接納人的，就是友善的心理諮商師了。我們可以把所有的祕密全盤托出，不用擔心被出賣。「哦！你想開槍射你岳母的頭嗎？嗯，有趣！」「喔！你想和你的小姨子上床嗎？當然，我能理解。不，我不會覺得你這樣想很糟糕。你呢？」

這些思想開闊的諮商師們能忽略我們的怪癖，無視我們奇怪的偏好，也不會因此而對我們有什麼不同。他們讓我們覺得被接納、不被論斷，讓我們有安全感。

但這些，仍然不是寬恕。

注意一件事，我們並沒有傷害他們。如果我們試著引誘他們的另一半，或拒絕付錢給他們（最好不要），那麼他們才需要寬恕我們。然而，他們和我們保持專業上的關係，就算我們有精神官能症，他們仍接納我們；然而，他們不會將這種接納和寬恕相混淆，更不用說，接納人的技巧本來就是出於他們專業上的需要。

我們個人接納別人成為我們的朋友和我們所愛的人，因為對我們來說，他們很重要，即便有些地方是我們無法恭維的。

太太接納她的先生，儘管他黃湯下肚後喜歡講黃色笑話；而先生也得接受太太像是個老媽子一樣管東管西，盯著別讓他吃喝太多，或公然挖鼻孔等等。

如果我們不能在這些陰陽怪氣的表層之下，視彼此為配得接納的人，那麼沒有一段婚姻能持續，也沒有友誼會長存，更沒有一個家庭得以維繫。我們之所以接納我們所愛的人，一部分原因是因為我們對

彼此負責,這點當然毫無疑問,但總的來說,也是因為如果我們接納他們這些古怪的習慣,便能換得他們為我們生命帶來的美好。

當我們原諒一個人的時候,我們所作的遠超過因為看到缺點背後的美好,而忽略這些缺點。一個女人原諒洩漏她祕密的愛人,她會知道,這和接納他有口臭,是兩件非常不一樣的事。

有一個適合的字,能用來形容當我們釋放這個帶給我們生命極大傷害的人的時刻。可是這個字絕對不是接納,而是寬恕。

5. 寬恕不等於容忍

寬恕我時，你也得了醫治。然而，如果容忍我作的每一件事，你就有了大麻煩。

你幾乎可以饒恕一個人作的任何事，但你可無法容忍每一件事。

當人們試著一起生活或工作時，他們必須決定哪些事是可以忍受的。一個什麼都願意容忍的團體，最後必然害死自己。

拿我朋友喬當例子，他是個矮胖、禿頭的義大利人，擁有一間專賣便宜麵包的破舊小店，這間店位在治安不佳的邊陲地帶。我們到喬店裡買到的麵包，價格只有超市的一半，有的小孩甚至不惜走上一哩路（一‧五公里）來跟他買甜麵包，通常喬還會再多送一個灑上糖霜的甜甜圈。喬的這些隔夜麵包，是這個社區力求第二次機會的象徵。

有一天下午，接近打烊時分，三個社區裡的小孩走進喬的店，抽出一把手槍，搶走收銀機裡所有的錢，然後，搶匪之中一個叫做山姆的男孩，不由分說的就朝喬開槍，打中了他的胃。喬差點死掉。

當喬在醫院的時候，山姆的父母來探望他。他們是老實、恭敬的人，就跟社區其他人一樣貧窮，他們低著頭，羞愧的無地自容。某一個晚上，他們來時帶著山姆，沒人想過他們真的能帶山姆來到醫院。

喬原諒了山姆。他決定把山姆當成一個軟弱，需要機會的人對待，而不是一個對他肚子開槍的壞胚子。事實上，喬還和山姆的父母商量，想要付點錢請山姆為他清掃店裡。

不過,喬可不打算容忍他朝別人肚子開槍這檔事。而社區的人們也不打算容忍山姆的所作所為。

當山姆面臨審判時,喬雖然難過,但卻是檢方的有力證人。

山姆後來在少年觀護所待了一年。

再拿甘比特牧師當例子,他相當享受被崇拜,特別是女性崇拜的滋味,能近身接觸的話挺不錯,但如果能貼身更是再好不過了。他培養出一種將屬靈諮詢擴大為情色活動的技能,過沒多久,已擁有為數不少對著他這項祕密服事吟唱頌歌的女人。由於人數實在太多了,所以他也無法一一封口。結局就是甘比特牧師成為了一樁醜聞。

在教會法庭上,他被控瀆職。

甘比特的一些同工為他請求原諒,要法庭學習耶穌的樣式,祂曾對一個犯了類似罪行的女人說:「我也不定你的罪,去吧,從此不要再犯罪了。」

這些好心的神職人員們錯把寬恕和容忍混為一談了。甘比特當然需要尋求人的原諒,但法庭的工作並不是決定甘比特是否配得原諒,而是教會是否應該容忍甘比特的所作所為。

我們來看看另一種不同情況,在這個情況中,沒有人在道德上受損,但這個錯誤的判斷卻波及了一個有效率的流程。

FORGIVE and FORGET
寬恕，是真的可以嗎？

亨利・丹・貝斯特醫師是亞特蘭大醫學中心的心臟科主任，他帶領著一支精英外科團隊，所有東岸最出色、優秀的年輕醫生在此邁向他們前程似錦的職業生涯，如同這是他們與生俱來的權利。不過，在貝斯特醫師的手術室裡，他忍受錯誤的極限很低，這些能夠留存下來，數量極少的醫師裡，很少沒染上慢性恐懼病的。

有些錯誤，貝斯特醫師能容忍個一次。任何人在第一次，甚至就算第二次嘗試困難技巧時，都難免有錯；不過犯了第二次的錯，你最好有個好理由。第三次？可能你得開始思考是不是該去蘇瀑（Sioux Falls）當醫生！不過，有一種錯誤即使只犯一次，貝斯特醫師也無法容忍，那就是實習醫師或住院外科醫師在沒有和他商量以前，就逕行在他的病人身上進行新的治療方案。

布許醫師是個高傲，但技術精湛的年輕住院醫師。有一個晚上，他人正在加護病房時，有個貝斯特醫師的病人，在手術十二個小時後病況突然惡化。他得做些什麼，但已是凌晨兩點鐘，布許知道貝斯特醫師早上五點鐘又得進手術室。於是布許把病人再次推進手術室，獨自施展高超技術修補創傷。

當天早上，當貝斯特醫師抵達醫院十分鐘後，病人的狀況就和布許醫師的前途一樣，急轉直下。布許醫師往後的前途，大概就是在愛荷華州中部隨便一間綜合醫院謀個職位了。

就貝斯特醫師個人來說，他當然能夠原諒布許，但他卻不能容忍布許所作的事。布許醫師的所作所為，即便還在他能原諒的範圍之內，但對他來說已是不可接受。

Some Nice Things Forgiving Is Not
寬恕並非總是美好

　　每個群體都需要決定哪些事可接受，而哪些又是無可容忍。然而我們必須謹記在心，就算我們原諒人們作了某些事，也不代表我們需要容忍這些事情本身。寬恕能使我們自己得醫治，但如果我們事事都吞忍，那長期下來只會傷害我們。

　　讓我來總結這一章節中我所說的內容。

　　你寬恕人了之後也不是非得忘記這一切不可，可能你真的忘了，然而即便你仍記得，也不代表你的寬恕不夠真實。寬恕人不代表你免除他們當負的責任，你能原諒他們，就是因為你讓他們負起當負的責任，不讓他們輕易卸責。

　　寬恕人也不等於息事寧人，如果你一直視若無睹彼此間的歧異，那你就是剝奪他人寬恕的權利。

　　單純的接納人也不是寬恕，寬恕是你原諒別人對你所作，難以接受的事。

　　就算你寬恕了人，也不代表你需要容忍他的行為，你可以寬恕人，但仍舊拒絕接受他們所作的事。

Forgiving
People Who
Are Had to
Forgive

那些難以寬恕的人

PART 2

有一位女士最近告訴我，在很久以前，一些她未
曾見過、不知其名、她也不認識的男人，曾對她做了
一件很可怕的事情，這件事情從此永遠改變了她的人
生。她的故事幫助我看見，有些人真的是難以寬恕。

這位女士是一位膚色黝黑的亞美尼亞裔美國人，
她有著一對黑亮的雙眼，直視看進我的雙眼，彷彿想
要我的眼睛給出言語所無法提供、讓她得以從痛苦的
回憶中得著釋放的回答。我能給她自由的鑰匙，使她
從這個捆綁她近半世記，在復仇聖壇上如煙焚燒的怨
恨中得釋放嗎？

這位風姿綽約的女士到底需要寬恕什麼人？她
要寬恕的人既沒有臉孔，也沒有名字，他們是一幫匪
徒，在一個深夜侵入她位於德黑蘭的家，殺了她全家
人。她在伊朗長大，在二十世紀早期，算得上是上流
家庭。一個晚上，五個土耳其恐怖分子戴著頭套來到
她家，把她的先生、兩個孩子和她的父母五花大綁，
一路拖到了城外，在那裡殺了他們。她是一位幼稚
園老師，園裡的孩子都是伊朗人，她之所以能倖免於
難，是因為那個晚上她剛好出門替學校辦一些雜事。

她輕聲質問道：「告訴我，告訴我，我怎能原諒
一群沒有臉孔、沒有姓名，不知道數量，但卻真實到
能殺害我孩子的人？」在她溫和的質問中，我的心被
深深攪動。

這些沒有臉孔沒有名字，犯下邪惡罪行的無名氏，就是她的問題所在。

你該如何寬恕看不見的人？這些人的臉孔你看不見，卻對你做出如此可怕的事。

我分享了這個故事，它將引導我們進入接下來這個我們非談不可的問題：難以寬恕的人。

我們很難寬恕看不見、摸不著，或甚至不認識的人。或甚至，我們也很難寬恕那些不管我們饒不寬恕他，他都不痛不癢的人。也有些人實在太過於邪惡了，以至於我們很難寬恕他。

而，最困難的，或許是寬恕我們自己。

那上帝呢？有些人在不容易的時刻中可能曾想過，為何上帝明明可以幫助我們，但祂卻讓我們失望？我們可以原諒上帝嗎？我們敢這樣說出來嗎？

我邀請你和我一起探索一些人的生命故事，我們會覺得他們受到的傷害是難以寬恕的，然而，我們仍然渴望原諒和遺忘。

———————◆———————

6.

Forgiving the Invisible People
那些看不見的隱形人

有些人侵入了我們的生活，在我們生命中留下一段破碎或傷心的時刻，帶來一段傷痛的回憶，然後一走了之，我們再也沒有見過他們。這樣子的人，對我們來說是看不見的，而且隨著時間遞移，他們的身影漸漸模糊難辨。和我們眼前那些有臉孔、有名字、可以碰觸的人相較，這些人存在的真實性卻沒有任何消減。只是，對我們來說，這樣子的人更難以觸及，也更難以寬恕。

當別人在可以獲得我們原諒之前便逝去，或當他們躲藏在群體之中時，他們便成了隱形的人。某些受害者，如心智障礙者或孩童，他們頭腦中並沒有加害者的清楚樣貌，這時候加害者的臉孔只有隱約的樣子，他們也成為了半隱形的人。

和我一起慢慢體驗以下這些引發出我們最脆弱情緒的情境吧！這些記憶，有時候在人們的心緒中縈繞不去。

Forgiving the Invisible People
那些看不見的隱形人

1. 已逝的父母

我認識一個女人，她父親趁她年紀小，不懂得拒絕父親，便逼她一起玩變態的性遊戲，留下很不好的回憶，使她因此痛恨自己的父親。然而，她父親已經過世了。她仍舊恨自己的父親，但她更恨的人，是自己。

她確信除非原諒父親，不然她無法從這種自我恨惡中得到釋放。但是她該怎麼原諒一個已經不可能對她說抱歉的人？

我們多數人的父母親都是有著缺點的一般人，他們不需要是粗野的妓女或如同一頭脾氣暴躁的公牛，才能使我們覺得難以原諒。在道德上誠實正直，但不疼愛自己小孩的父母，和道德扭曲又猥褻自己小孩的父母，可能都一樣難以寬恕。但是，只要他們成為了隱形人，對我們來說，要原諒他們就變得更困難了。

◆

FORGIVE and FORGET
寬恕，是**真的可以**嗎？

　　不管我們是曾經被脾氣暴躁的父親毆打，或是被狠心的母親棄之不顧，要原諒這些在我們可以決定要不要原諒他們之前，就卑鄙地先以死脫逃的父母，是那麼的困難。

　　死掉的父母這麼難以原諒的理由很簡單，因為他們觸手已不可及，就算寬恕了他們，我們也無法再彼此擁抱。我們也無法爬上他們的大腿，讓他們給予我們受傷時所需要的愛，他們也無法告訴我們他們有多抱歉。他們沒有辦法再做出任何能夠讓寬恕容易一點的示好行為。

　　另一個原因，則是因為我們心裡其實有一絲念頭，不希望自己覺得已逝父母需要被原諒。我們想要記住的是一個神聖的母親和偉大的父親，原諒他們，就表示他們其實和凡夫俗子沒兩樣。先憎恨、然後原諒這些為我們犧牲良多，讓我們有所成就的人，並不是什麼好事。尤其，他們又已經死了，還上了天堂。

　　不過，寬恕雖難，我們還是需要原諒已逝的父母，以使我們獲得內在的平靜。我們是做得到的。

　　當你試著寬恕已逝的父母時，請將以下這些事實牢記在心。

沒有完美的父母

　　沒有一個父母是神，少數的媽媽或許是聖人，但幾乎沒有一個爸爸應該受到盲目崇拜。即便是「模範父母」，頂多也只是一般的好人；然而，好人也會做出殘酷的事。就算你承認父親對自己很殘酷，母親忽視了你，天也不會因此而塌下來。

　　一旦你的父母離世，我們就希望他們永遠保持光明的一面，毫無黑暗。如果有任何事會抹黑我們對他們的回憶，那麼我們就覺得有些不應該。我們不想要他們需要被原諒，因為如果要原諒他們，我們就得先找到可以怪罪他們的地方，或甚至要先恨他們。直到如今，要原諒我媽媽的這個念頭都還會讓我打寒顫。為了餵飽我們，她奉獻自己，引導我們成為敬虔的人，教導我們找一份穩定的工作。我心想，如果要恨這樣的媽媽，你還是去死好了。然而，如同其他的父母，我的母親有她的陰暗面。我發現，恨意並不會抵銷愛意，我可以非常愛我的母親，但同時卻怨恨並原諒一部分的她。

　　如果你覺得你需要原諒你已逝的父母，首先你需要面對一個現實：你的父親或母親真的傷害了你。

我們的痛苦感受沒有錯

你可能還記得童年時所受的傷害，有一部分的你痛恨那個造成你受傷的人，但你不敢去感受這些痛楚，更沒膽去感受這些恨意。我們不敢讓自己順著感覺走得太深，因為我們害怕這些痛楚難以承受，怨恨過於醜陋，於是我們不想承認。

感受就像一道水流，如果你順著它而去，它會帶領你找到源頭那座深井。如果你願意放下防衛，那麼它能將你帶至深處。

如果你允許自己感受，你的感受能讓你回到那帶來極大傷痛的夜晚。你會再一次感受兒時渴望被愛的掙扎；再一次感受因為懷疑，甚至恐懼，是否自己不夠好，所以才不配得父母的愛。你可能會覺得徬徨，失去希望和光亮，而且就算面對你的知心好友，這些感受也難以啟齒。

這些感覺也能引領你進入一個充滿恨意的醜惡之地，而你憎恨的對象正是零缺點的母親和慈愛的父親。你的感受甚至帶領你進入專屬的個人地獄。但是，除非你讓自己感受這些痛楚，不然你就無法擁有寬恕已逝父母的自由。

你的感受當然有可能被放大，甚至被扭曲。但不管怎樣，那就是你的感受，所以這個並沒有錯。你會發現，當你認同自己的感受，並且讓自己去感覺父母帶來的傷痛時，你就能找到寬恕已逝父母的自由。

你無法完全寬恕已逝的父母

當你寬恕已經過世的父母時，其實你無法完成寬恕的四部曲。完美的寬恕止於曾經被傷害和怨恨隔開的兩人重修舊好；但當死亡介入時，這個快樂的結局在地上已不可能發生，你只能暫時以自己的回憶得到醫治為滿足。

你自己可能也都還沒有完全痊癒，這個療程或許需要重複數次。原諒已逝的父母跟戒菸很像，在真正達標以前，可能需要好幾次重頭再來的過程。

寬恕已逝的父母，同時也要寬恕自己

父母讓我們受到的傷害，也會帶給我們罪惡感和羞愧感，我遇過每一個痛恨自己父親或母親的人，也都痛恨自己。

大多數試著寬恕已逝父母的人都有一種令他們恐懼的感受，認為自己活該承受父母造成的悲慘感受。去問問任何一個曾被父親侵犯的女性，這件事帶來最糟糕的影響是什麼，她可能會告訴你，最糟糕的部分就是讓她因此痛恨自己。

就算我們的父母是聖人，如果他們痛恨自己，這樣的感受就會影響我們，讓我們也厭惡自己。我那聖人般的母親自我控告的技巧，高明到足以稱之為一門藝術。其實，她根本沒時間和力氣犯下什麼滔天大罪。她只是牢牢記得每個闖入她生命中的小錯誤，然後反覆咀嚼思想、放大，直到她覺得自己是全天下有史以來最糟糕的罪人。

對我們來說，媽媽既聖潔又偉大，然而這卻是更糟糕的事。因為既然一個如此神聖的母親都不原諒自己了，如同道德蟲子般的我們，又怎麼能原諒自己呢？

在我母親死後，我發現只有當我寬恕自己時，我才能夠原諒那個讓我憎惡自己的母親。但老實說，我真不知道到底該先原諒自己還是先原諒她。

不過，隱形人可不單止已逝的雙親。

不曾見過卻拋棄我的母親

以下是好久以前，我們家裡曾出現過的對話：

「我為什麼要去？」

「因為我請你去。」

「為什麼你請我做什麼我就要去做？」

「因為我是你媽媽。」

「你才不是我媽媽。」

「我是你媽媽，而且我愛你！」

「你不是我媽媽，而且我恨你！」

這位怒氣沖沖的小妞是我們的女兒凱西,那時她十六歲,脾氣火爆。現在她已是個二十六歲的美人,同時也是我們的好友。她咆哮的對象,是我的太太朵莉絲。

當回首過往那些吵鬧的家庭騷動,再看看如今彼此擁有的友誼,我們都同意對於被領養的小孩來說,最大的掙扎就是他們如何原諒拋棄他們的生母。

當凱西還是小女孩時,我們儘可能地美化她的生母:「她太愛你了,所以不能把你留下。」或許吧!但在心裡某處,她猜想事情或許正好相反;媽媽把自己送走,可能是因為她不值得被留下。況且,凱西更懷疑,如果媽媽真的這麼愛她,也真的想要留下她,她應該能被留下;搞不好媽媽其實根本就是想擺脫這個阻擋她追求理想生活的小娃兒。

不管是哪種情況,凱西都得找個人來恨。她有權如此。既然拋棄她的生母不見人影,那不如就恨這兩個觸目可及、唾手可得的父母好了。我們的愛對她來說,只是又提醒了她被別人拋棄的這個事實。她扛著雙份的恨。

寬恕的大能,是解除怨恨痛苦的唯一解藥。

但你該如何原諒一個沒有臉孔、沒有名字、沒有地址的母親?一個被領養的孩子該怎麼寬恕素未謀面的母親?

　　我會分享凱西藉著寬恕大能而得醫治的經驗。這並不表示每個被領養的小孩都可以按照凱西的方式學著寬恕，但她走過的路程，絕不全然是特例。

　　凱西採取的其中一個行動，就是去獲得關於她親生父母的一些但不是全部的資訊。她並沒有像一些被領養的孩子一樣，找到生父母的現址，然後和他們見面。她知道了這些關於生父生母的資訊，讓生父生母成為真實的人：他們當時非常年輕，又貧窮，各自的信仰似乎又水火不容，而他們也沒有結婚。同時，她也知道了生母是義大利裔，這令人欣喜的發現解釋了凱西浪漫的性格，那是生性樸實的荷蘭養父母身上所沒有的。雖然凱西的生母仍然不見蹤影，但對凱西來說，她已經更具真實感了。

　　接著，對於這個年輕女人決定要把孩子送養時所經過的種種痛苦，凱西也有了更多瞭解，並帶著一個全新的觀點。凱西的一個朋友懷孕了，在歷經恐懼、懷疑的大起大落後，她決定讓一對膝下無子的夫妻領養自己的孩子。凱西非常愛她的朋友，也一起分擔她內心的衝突掙扎，她深知在考量過所有的情況後，她的朋友為孩子做出了正確的選擇。她開始能以全新的方式感同身受自己的生母，或許她是個好人，但深陷於掙扎煎熬中，因為非常愛她，所以不得不將她送走。凱西很聰明，她知道只有愛是不夠的，生母必然得為自己打算，不過她漸漸能明白，生母的確夠愛她，所以才把自己送走。她對生母新生出一種同理心，雖然還不足以完全刷掉心中的怨恨，但至少已經讓她可以試著原諒。

接下來的一步，則是最重要的一步。在外在的幫助下，凱西看到自己的真正本相：她是一個出色、強壯、聰明和有價值的人。在襁褓中被遺棄的這個事實，並不能減損她身為女性的出色價值。當然她也很聰明，知道自己心裡的千頭萬緒。她需要寬恕，就和她也渴望獲得認同一般。

最後，她漸漸能夠相信，上帝寬恕了她生母犯的錯。那麼，如果上帝能夠寬恕她，那自己是不是也該這麼做呢？更進一步看，她為什麼不也寬恕自己？

我不希望讓你覺得，凱西走向釋放與平靜的路途容易又平直。但她做到了在寬恕這個議題中最不容易的事情：寬恕這個帶她進入世界、卻又將她留給我們的這個無臉人。朵莉絲和我跌跌撞撞撫養、帶大三個被我們領養的孩子，他們各自用不同的方式面對寬恕這個挑戰，但每個人都告訴我：對於孩童時期被拋棄帶來的傷害，寬恕是唯一的解藥。

2. 隱藏在組織裡的人

有時候，人會隱藏在組織之中，這些組織、系統也會傷害我們。

他們的臉孔隱藏在辦公桌和會議室的門後，躲藏在秘書的笑臉和各種會議的背後。

當我們痛恨組織帶來的傷害時，這些看不見的人就成為我們需要寬恕的對象。

對鮑伯來說，可能是指他在波士頓工作了二十五年的那間紡織工廠。二十五年裡，他沒有請過一天病假，但公司為了更便宜的人力而移廠至南卡羅萊納州時，「遣散」了他，連一分文遣散費都沒付。

查理升了遷，但工作量卻越來越大。他付出二十年的人生精華在這間公司，結果公司卻在他可能很難找到其他工作的年紀時解僱他。接著，公司找了兩個人來做本來由他一人負責的工作。

對有些人來說，情況可能更糟。

組織沒什麼憐憫心，它會把你打倒在地，拖著你從釘床上經過，把你扔出窗外，在你還來不及著地前，遞給你一塊上面刻著你的名字，大概值十塊錢的匾額，以示公司的感激。組織沒什麼道德觀，可以任由你在街上流血至死，也絕不會有一個活人出來接受投訴。總之，這都是公司政策。

所以你開始痛恨這個沒有人性的組織。

你痛恨這個組織，怨氣使你的黃金年華變得黯淡，讓你開始怨天尤人，甚至性格乖戾，你成為了一個受傷的靈魂，這時該怎麼辦？

你一定得找到這個組織中一個還在呼吸、而且有責任感的活人（或是眾多活人，如果牽涉到的人不止一個的話），然後原諒他。

如果你是因為無情的公司政策而遭解僱，你千萬別試著去寬恕不具備「人格」的公司，那是絕對不可能成功的。你需要找到副總裁或是人事經理，或是任何一個當初能夠負責、有能力讓你被公平對待的人。然後，如果你可以，預約一個時間和他/她當面對質。當然，他/她可能提出很合理的解釋想要打發你。不過，原諒一個僅有部分責任但是你知道名字的人，總是好過後半輩子都在非人組織帶給你的這些痛苦中渡過。

你不應該浪費力氣去試著原諒一個組織。得到平靜的秘訣在於：找到那個躲藏在企業門面後頭的真人。

很有可能這個人會告訴你都是系統的錯，但別太輕易放過這個組織代言人。你至少得先宣判他/她第二級傷害罪成立，然後再使用上帝給你的權利，向這位副總或是代表伸出手來，然後對他說出「我原諒你」。接著，你就正式走在傷癒之路上了，雖然這還只是半路而已，但對初學者來說，已經足夠。

3. 形影模糊的人

有些人沒辦法獲取傷害他們的人的清楚影像，因為他們腦中的「相機」沒有對到焦。但是，他們同樣需要寬恕對不起他們的人。

我常好奇，智能障礙的孩子要如何原諒那些他們看不清楚的人。一個有唐氏症的孩子，是否具有特殊的原諒能力？

每每當我想到一個人需要多麼聰明才能夠寬恕別人時，我總是想起東傑（Toontje）。接下來我要說的故事並不讓我感到驕傲，但之所以將它公諸於世，是因為我想讓你知道，要傷害一個不能清晰辨識加害者的人，是多麼地容易。

當我還是研究生的時候，我和朵莉絲住在荷蘭本納布魯克村（Bennebroek）郊外的一間大型精神病院院區裡，我們的房間就在一棟綠意盎然的荷蘭式莊園裡。這間精神病院的景觀像是公園一樣，有著蜿蜒的步道，步道兩旁是整齊排列的橡樹，其間還點綴著風信子、鬱金香、水仙花等。我每天早上都充滿朝氣地沿著花圃繞行醫院，徜徉在這宜人的景色中散步。而每一天接近中午時份時，我都會遇到東傑。東傑（在英文中有小東尼的意思）是小腦症患者，他的頭實在小到讓他無法組織這個世界或學習字母。

不過，東傑後來學到了一件很有用處的工作。他有一台很小的推車，上頭有兩個方便他推動的大輪子，以及一個直立的把手，讓他可以推著車；車輪後還有兩隻車腳，所以當東傑把車停好時，車子可以站得挺直。除此之外，他還帶著一枝九十公分長（三呎）的棍子，棍子一頭是尖的，好讓他可以沿著醫院人行道，一路叉起紙屑。

每天早上，你都會看到他戳起被揉成一團的香菸紙盒或口香糖包裝紙，走到小車旁，推出在棍子上的紙屑，然後小心謹慎地重複整個過程。

如果沿路都沒有任何可以撿拾的紙屑，他就會自己變出垃圾。東傑會先把車停好，接著拿起一張紙，丟到人行道上，然後再走回車子，拿起垃圾叉，走向那張紙，刺穿它後再拿回車上，謹慎地丟進二輪車裡。當他想要覺得自己是有用的人時，他就做這些事。

你可能會問，東傑怎麼知道什麼時候該叫停，然後返回第九棟吃午餐呢？很簡單。他學會問一個問題，然後聽懂一個特定的答案。他學會問：「現在幾點鐘？」而當他聽到「十二點」這個答案，他就知道是時候把車掉頭回家去。於是，他態度恭敬地用著刺耳、緩慢的語調，沿路逢人就問：「先栽積顛中（現在幾點鐘）？」每天早上，他遇到每一個人時，都會問著一樣的問題。

某個陽光和煦的荷蘭早晨，當我眼尖瞧見東傑鄭重用他的棍子戳刺揉皺的香菸盒時，突然起了一股邪惡的衝動，讓我這個原本親切的人作出一件非常卑劣的事。

如果我用他自己的問題反問他，會怎樣呢？

我心想，我一定要抓對時間，在他嘴唇正打開，要發出ㄒ的音，卻又還沒有機會說出來的那一刻，立刻插進去問他這個問題。

「東傑，現在幾點鐘？」

東傑愣住了。他的手從推車的握把上滑下來，眼睛瞪得大大的，盯著沒有人的地方。他開始發抖，先是手，然後頭也跟著抖，最後全身不停顫動，嘴裡也發出咯咯聲。他就這樣抖了可怕的足足十五秒，然後緩慢地把手放回車握把上，一語不發，不看我一眼，把車推著走過我。

當他開始發抖時，我就知道自己做了一件很邪惡的事。我的自大只覺得這是個無傷大雅的遊戲，搞不好還是個心理實驗。但當我這麼做以後，我才知道自己幹了什麼好事：我讓這個沒有能力和方法的人，來參與這個一點都不有趣的遊戲。我背叛了我們之間的情誼，也傷害了這個上帝的孩子，上帝的孩子不應該被這樣對待。

他能夠原諒我嗎？東傑寬恕我的機率，是不是比一個討人厭的博士寬恕我的可能性還低？會不會他那個連數零錢都不行的小腦袋瓜，其實可以把我和我對他幹的好事看得清清楚楚，甚至還能夠意識到我需要被原諒？又或者，他的腦袋雖小，心胸卻很寬大？

我不知道東傑，或所有大腦能力有限的人是否被賦予能寬恕的特別力量。東傑好多年前就過世了。我確信，在天上的他一定知道，二十年前那個四月的早晨，我對他作了多麼可惡的事。他一定可以把我的嘴臉看得清清楚楚。不過我也確定，他一定已經寬恕了我，雖然我一點都不配得。

如果我們再見面，想必他能教導我，一個有著小腦袋的人是怎麼寬恕靈魂卑微的人。

　　我認為，我們在某方面都跟東傑很相似。實際上，就像我對東傑一樣，每個人對我來說，基本上也可以說都是個謎，我從來就沒辦法把每一個人看得清清楚楚。我們對彼此的瞭解都是片面的，就好像從一片暗色的玻璃朝外頭望出去一般；東傑對我來說也是這樣，我們之間的差別其實沒那麼大。

　　也因為這樣，我們的原諒也只會是片面。

7.

Forgiving People Who Do Not Care

那些毫不在乎的人

寬恕並不一定都會有重修舊好的快樂結局。有時候，故事沒有結局，我們釋出的原諒，卻得到「我才不在乎呢」的回應。

一個傷害我們，而且也不在乎把這個傷口挖得更深的人，會使寬恕這個奇蹟更難以發生。

我們不會想要原諒一個嘲笑我們傷痛的人。正因為如此，我們也不會想急著去原諒那個闖入我們生命中砍了我們一刀，然後空留我們獨自縫合傷口的人。

如果一個人重重地傷了我們，我們會希望他也受苦。我們期待這個王八蛋得到報應，或至少稍微卑躬屈膝一點。有一個老派的字眼可以拿來形容我們的心態——復仇。

Forgiving People Who Do Not Care
那些毫不在乎的人

　　但是，傷害我們的人不見得總能滿足我們的期待。問題在於，我們應該不管三七二十一就原諒他們嗎？原諒一個寧可我們把原諒留下拿去餵狗的人，有任何道理嗎？

　　在決定要怎麼做之前，應該先確認我們想要什麼。當我們想要人們懊悔所行時，到底是希望他們做些什麼？不是每個傷害都一定需要當事人的懊悔，就如同不是每個割傷都需要縫針一樣。在各種關係中，我們有太多愚蠢地錯待人的機會；但也不是每次我們一受傷，就要在彼此間築起深溝。有時候，不見得一定要大張旗鼓的懺悔，適當的善意舉措就足夠撫平小錯誤。

　　那就是，一個道歉！

　　道歉？這個字眼帶來的轉變可大了！

FORGIVE and FORGET
寬恕，是真的可以嗎？

在古早時代，一個道歉意味著對一項嚴重的指控作出無罪申辯。今天，當我們承認自己的疏忽傷害別人，我們會道歉。

某天晚上，我的太太垂頭喪氣的回到家，因為有個粗魯的男人在加油站插她的隊。事發當時正下著大雨，朵莉絲排在自助加油隊伍中的第四位，自助加油區的柴油泵從兩側都能加油。朵莉絲前面還排了三部車。當終於輪到她時，她下了車，背對著加油機，一邊打開油箱蓋，一邊轉身準備伸手去取油槍。就在此時，一輛載滿人的旅行車倏的開進了隔壁車道，司機從前座跳了出來，在朵莉絲正伸手的同時，一把抓住油槍，接著打開了油箱蓋，一邊吹著口哨一邊把柴油加進他的油箱裡。

我的老婆瞠目結舌地看著他，然後她重整旗鼓，來個反擊。「你明明早就看到我在排隊了。」、「對我來說又沒差。」那個男人說道。「我覺得你這樣很卑鄙。」、「我才不管你怎麼想。」、「你的孩子看著你，你不在乎他們怎麼想嗎？」、「女士，聽著，我就已經說了，我才不管你怎麼想。」

她對著我重述這段對話，彷彿我是全天下所有粗魯的男司機代表。「要是我是個男的，他絕對不敢這麼做！」呃，可能吧！

一個道歉夠嗎？假使她下個禮拜又在同一台加油機前遇到這名男子，然後他提議先讓她加油，又說：「我對上禮拜發生的事很抱歉，那天孩子們快把我逼瘋了，我趕著要回家，而且那時我已經大遲到了。」我想朵莉絲應該會忍住衝動，勉強接受他的道歉。一個道歉就夠了。

當生活的軸承開始磨損時，道歉就是潤滑油。時間合適、態度真摯的優雅道歉，就好比恭敬的屈膝禮，能幫助擁擠的市民，用這些有禮幽默忍受彼此的磨擦，也讓生活中的這些擾攘能被維持在可忍受的範圍內。

更重要的原因是，道歉並沒有試著去作惟有懊悔才能做到的事。

有些卑鄙的弄權者，利用道歉作為欺敵之用（use apologies as end runs around repentance）。他們背叛信任，然後一旦被抓到，他們就會說為自己「錯誤的判斷」感到抱歉。他們用微笑說出的道歉只顯得油嘴滑舌，他們的罪行需要驚天動地的懊悔。他們之所以能逃過一劫，是因為我們不清楚為錯誤懊悔和笨拙道歉之間的差異。

一般人也會這樣。我們有時犯了令人痛心的錯，但當被要求負責時，我們會想用無足輕重的道歉試圖開脫：「喔，親愛的，你太誇張了，當然如果你堅持，那我很抱歉，咱們就把這事忘了吧！」好一個快速迴避悔罪的手法。

我們不該讓任何人這麼輕易就逃脫。一個深沉、不公的痛楚可不只是「錯誤的一步」。

我們不可能容忍所有人做的所有事，有些事情就是不可接受。當有人不公地重重傷了我們，一個道歉是不夠的，這時候的道歉只會將不該被等閒視之的錯事化為小事。

　　如果賈姬為了她背叛你而向你道歉，你別上當，你應該把她的對不起丟到垃圾桶裡。如果佛瑞德答應當你的朋友之後，又說謊騙了你，那你也不要接受他的道歉，而是告訴他勇敢面對事實，不然就別再來招惹你。

　　如果有些錯誤只能以懊悔的悲痛來彌補，那麼在要求他人懊悔的同時，我們亦該對於自己想要什麼有個更清楚的輪廓。

　　懊悔是一座有著四個階段的山。我們得要跨越過這四階才能登頂。這四個階段的名稱讓我在下面一一道來。

1. 認知階段

　　當你從別人眼中看見自己的行為時,就是第一次甦醒的時刻。你認知自己的所作所為帶給他們的感受,是相當真實的。這時,你就進入到人際關係的層次。

　　你不需要鉅細靡遺地從他們角度看見的每個爭吵細節。就算聽了一千種解釋,你大概也無法完全認同他們眼中事情發生的經過。但這不重要,當他們說你對他們所作的事既惡毒、不公而且難以忍受,你知道他們是對的。

2. 感覺階段

　　在這個階段,你會開始從認知進到痛楚中。在此,你會感受到你讓別人受到的痛楚。你承受著你加諸於別人同樣的痛苦。

　　你進入了另一個人的靈魂裡,共享他的苦痛。在那裡你覺得自己好像赤腳在外,一腳踩進雪堆裡,有那麼一會兒,自己好像被困在你內在的地獄,在那裡被譴責,而且你知道自己罪有應得。這種痛楚的名稱就叫做「罪惡感」。

3. 懺悔階段

當你能告訴那些你傷害的人，你理解自己的所作所為確實無可忍受，你對他們的痛苦感同身受，這時，你就進入到懺悔的階段。如果他們決定相信你，那麼你們各自的悲傷就會漸漸融合為一。

當你如此懺悔時，你不只是承認自己的錯誤。罪犯有時候會被誘導至承認那些無法再被否認的犯行，律師稱之為「自白」，但我說的並不是這種。又或者，恐怖分子會想盡辦法聲稱他們犯下那些最糟糕的暴行，但這種承認，跟我們所說的懺悔可不是同一件事。

同樣的，懺悔和不小心說溜了嘴也不同；名人找了寫手操刀書寫他們的個人故事，這也不是懺悔。懺悔的目的不是為了討回公道，而是為了得到醫治。

當你對著另一個人懺悔時，你不只是承認自己的作為，你也是在告訴那個人，你所作傷害他的那些事情，其實也讓自己受苦，而你非常渴望獲得寬恕。

我深知道，要向朋友承認錯誤是出奇地困難，向上帝認罪比向一個受傷的弟兄認錯要容易得多了。

當你認錯時，你就是將自己放在那個你虧欠的人手中，這時的你完全無助，並且完全信任他，滿心期待得到他愛的表示。懺悔是一顆破碎的心的呢喃。

4. 承諾階段

如果你認知，並且真正感受到自己的行為錯誤，你同時也會感受到一股很不想再傷害他人的熱切渴望。於是，你願意作出承諾。

如果你不願意承諾會試著不再蓄意使人承受同樣不公之苦，繼而損害彼此關係，又怎能期待任何人會認真看待你的悔改呢？

你無法完全地保證，最多只能許下承諾。但是任何一個被傷害過的人，都期待至少得到一個願意嘗試的真誠回應。

這就是懊悔的四個階段：**認知、感受、懺悔、承諾。**

那些想要得到你寬恕的人，都應該要發出一個他們已經悔改的訊號，這似乎是件正常的事。

我們都讀過浪子回頭的故事，絕大多數的人在看到浪子對父親說「我不配得」的時候，心中都覺得相當痛快。但如果我們試著把場景變換一下。如果這個兒子大搖大擺走回家，然後說：「我決定回來老家和我的親人身邊，算是給大家行行好囉！」我們可不喜歡這種場景。我們希望兒子照著原始劇本演出：「我連當僱工都不配！」

來看看馬爾梅拉多夫吧！杜斯妥也夫斯基在《罪與罰》這本書中描繪了他的故事。

馬爾梅拉多夫是個可鄙的紈褲子弟，所有愛他的人都毀在他的手上。他不只逼迫天真純潔的女兒蘇妮雅上街賣淫，賺錢供他買醉；還從受苦許久的妻子凱特娜那兒偷竊生活費。

◆

但是在故事的結尾，馬爾梅拉多夫卻一心期待這位充滿憐憫的神，會張開雙手接納自己。那些正直的人訕笑他，也有喝斥他不知羞恥，竟敢認為上帝會憐憫他這個人。這個令人可憎的鼠輩，他是打從哪來的想法，認為自己配得天堂裡一幢單為他預備的大宅？

唉呀，馬爾梅拉多夫說，秘訣是這樣的：其實他心知肚明自己一點都不配，但在異象中，他看見上帝歡迎世上所有的浪子回家。「來吧！你們這些酒鬼們；來吧！你們這些軟弱、懷抱羞愧的人！」我們有天都要站立在祂面前，祂會對我們說：「你們就好比畜類，但進前來！」那些聰慧的人會說：「主啊！祢為何接納這些人？」而主會如此回應他們：「你們這些聰明人和明辨是非的人，那些人當中，沒有一個人覺得自己配得這些，而這正是我接納他們的原因。」

當我們讓人受傷之後，想要回復關係的藝術，就是要知道自己不屬於那兒。我們必須知道自己一點都不配。就像馬爾梅拉多夫一樣，我們必須說出來。如果我們是傷人的人，就應該徹底悔罪，悔改是邁入寬恕唯一的正直之門。

但是，假使我們是被傷害的人呢？在我們原諒傷害我們的人之前，我們是否該要求他們先認錯？如果另一方不認錯，我們是否就暫且不原諒他們呢？

從聖經上來看，上帝似乎要我們走一條困難的路。當耶穌差派祂的門徒去宣講上帝赦罪的信息時，祂也同時告訴門徒，要眾人悔改。根據這段話，使徒彼得說得更直白了：「悔改，你的罪就能得赦。」

　　為什麼？為什麼我們想要得到原諒之前得先悔改？我不認為那是因為上帝以我們汗流浹背、卑躬屈膝的模樣為樂。

　　我自己的猜測是，上帝要我們悔改，並不是因為這是祂需要的必要條件，而是因為這是我們需要的先決條件。上帝不止要我們得到祂心中和腦袋中的原諒，而是我們自己的心中和腦中也要能感受到被原諒這件事。祂渴望和祂的孩子真實地重聚。祂要我們悔改，其實是要我們對自己誠實。

　　對我們這些凡人來說，我們該怎麼辦？

　　我們是否該浪費我們的寬恕在一些根本不屑一顧，或是不願意承認自己需要寬恕的人身上？把珍珠丟在豬面前？原諒那些不知悔改的人？讓我們換個角度來看。對我來說，無論傷害我們的人是否悔罪，現實主義都輕推我們朝著寬恕加害者的那條路而去。

　　原因之一，是因為時間並不總是永遠站在我們這一邊。人們可能在離懺悔還八竿子打不著時就已離世。然而，不論如何，我們就是得原諒他們。

　　原因之二，是我們應該讓他人為自己負責。我們不可能逼迫別人悔改，不可能像牽著戴項圈的狗一樣把人拽過來。如果他們要躲我們躲得遠遠的，他們自己就得負上責任，何須因為這樣而讓他們攔阻我們得到醫治？

所以，為著我們自己的緣故，我們原諒那些仍不知悔改的人。我們需要寬恕那些對我們的原諒不屑一顧的人，如此我們才不會溺斃於自己的悲哀中。至於那個人，讓他為自己負責任就好。

我很喜歡收錄於《十二族長遺訓》這份古老書卷中的這段猶太感嘆詩：「把報仇的事交給上帝，我認為是對付那些傷害我們，卻又看似毫不在乎的人的方法。」

我知道，寬恕的最終章需要靠雙方才能達成。但就算沒有這些激情，你仍然能夠感受到寬恕的真實，你不總是需要事事完美才能享受事情本身。花苞就算不開花，也無損其真正的美；就算沒有登頂，攀登的過程也可以是成功的。即便寬恕的過程在寬恕者得到醫治時便已中止，這份寬恕仍然真實。

如果那個你需要寬恕的人不稀罕你的寬恕，你就應該因此將自己禁錮在仇恨的高塔上嗎？

讓我們回到最重要的事情上吧！寬恕是一個過程。其中一個階段是寬恕者的記憶得到醫治。如果你要寬恕的人想待在原地不動，那就隨他吧！你可以自己一個人飛向自由！

我知道，寬恕的最終章需要靠雙方才能達成。
但就算沒有這些激情，你仍然能夠感受到寬恕的真實，
你不總是需要事事完美才能享受事情本身。

8.

Forgiving Ourselves

原 來 是 自 己

你是否敢將現在的自己從過去所犯下的錯誤陰影中釋放出來？

你敢原諒自己嗎？

要寬恕自己需要很大的勇氣。畢竟，你以為你是誰，竟想擺脫過往歷史中無可推託的犯行，一副過去的自己和現在的你毫無關係的樣子。

當其他人想要你羞愧俯伏時，你從哪裡獲得這個寬恕自己的權利？真是大膽包天，你竟敢！

答案是，當愛允許時，你就有權寬恕自己。當你擁有愛所給予的勇氣時，你就膽敢寬恕自己。要忽略加諸在自己身上的判決所需要的權利和勇氣，其終極來源都指向愛。你尋常過日子，你

在過去犯下的錯誤，彷彿和今日你的自我感受毫不相關，你其實是把能夠釋放自己從被自我定罪中獲得自由和愛，當成了賭博籌碼。

不論如何，你都需要真誠。沒有誠實，自我寬恕就只是心理戲法而已。規則是這樣的：除非我們正視過去的錯誤，而且正確的提名說出來，不然我們就不能真實的原諒自己。我們需要無偽的判斷，讓我們不至於沉溺於自我感覺良好中。

讓我再複習一次寬恕傷害我們的人時，所要經過的四個階段：我們受了傷、我們萌生恨意、我們接受醫治、我們恢復關係。

我們每個人都會不公地傷害自己，而且有時候傷得也很重。

上帝知道我們為過去曾愚蠢地欺瞞自己感到後悔。我的菸史相當長久，每天都要抽上一整包，每次口吐白煙時，心中也會害怕，

有朝一日我會對自己說：「你這個傻子，傻啊！還沒活夠就掛點，自作自受！」你曾經不屑一顧的機會、那些你曾拒絕遵守的規則，或是一直纏擾你不休的癮頭，這些事都可能糾纏著你，讓你生出愧對自己的罪惡感。

但那些你所作傷害他人的不公之事，卻是你內心裡最深刻、最沉痛，也最需要得到自己的原諒。

你對著相信你的人說謊的那一刻；這個孩子這麼倚靠你，你卻對他視若無睹；或是當有人請你伸出援手時，你卻轉身離開。種種回憶歷歷在目，這些回憶，還有其他成千上萬類似的回憶，就像一把誠實的利刃，直刺入我們，評斷我們的不是。

我們不見得是壞人，卻有做壞事的能力。如果只有壞人才會作壞事的話，那這個世界應該還挺不錯的。只不過，我們的笨拙有時就和我們的惡行一樣傷人。

我們越正直，就越容易對自己造成的傷害感到傷痛。這些傷痛最後會變成一股恨惡感。我們讓他人感受到的傷痛，成了我們對自己的痛恨。因為我們做了錯事，我們評論自己，判定自己有罪，然後宣判刑期。大多數時候，這都在私下進行。

有一部分的人則是被動地痛恨自己，他們只是欠缺愛的能量，無法看見自己美好。他們無法看著鏡中的自己，說：「我看到的景象讓我覺得活著真好啊！」這種被動式的怨恨噎住了這些人，讓他們不喜歡自己。

另外一部分的人，則是積極地痛恨自己。他們用充滿鄙夷的怒火將自己千刀萬剮成碎片，他們一邊擰住自己的鼻子，一邊把另一部分的自己沖入充滿輕蔑的黑洞裡。他們成為了自己的敵人。有時候，在最悲慘的狀況裡，對自己的憎恨導致了自我毀滅。

當然，你內心的判官可能是個不講道理的嘮叨鬼，對你提出不實的指控，不公地使你受責打。但另一方面來說，你的善良本性卻又常常把真正的愧疚感掩埋在自以為是的地毯底下。你欺瞞自己，好使自己不需要面對跟醜惡自己面對面的痛苦。

不管是哪種情況，你都不應該過度信任這位內在判官。當然，「他」仍舊會是最嚴格的評審，你終究得和「他」坦誠相見。

接下來，讓我們來看看愛的大膽回應。

當你終於寬恕了自己時，又會發生什麼事呢？

當你寬恕了自己，你其實是重寫了劇本。你現在人生的這幕戲，不是非得和過去你的幾幕所作所為綁在一塊兒。你在第一幕裡扮演的壞人被擦去；在第二幕裡，現在的你成為了一個好人。

從昨日的景況中，你釋放了今天的自己。你跨入明日，不帶著罪惡感。

最適用形容這種狀況的詞是「毫無瓜葛」。你回頭看著自己的過去，承認那些醜惡的事實，然後宣告那些事和你的現在不再相關。不只毫無瓜葛，而且無關緊要！你的過去和你的感受都不能再影響你。

如此的釋然可絕非得來不費吹灰之力。過去那個犯下錯誤的你可是如影隨形，在某個轉角，你的回憶眨著眼說：「不錯嘛！小傢伙，但你我都心知肚明你這混蛋的真面目，可不是嗎？」我們需要愛的奇蹟才能擺脫這個潛伏在我們心中暗黑處、不輕易寬恕人的判官。

或許沒有其他人比俄國天才作家杜斯妥也夫斯基，更能理解自我寬恕之路的掙扎痛苦了。他的長篇小說《罪與罰》裡，描繪了殺人犯拉斯克尼科夫自我寬恕的過程中，內在靈魂的掙扎。

拉斯克尼科夫所犯的罪，任何人都有能力犯下。他殘忍地謀害了一個無助的老婦，她是當舖老闆，雖說她的處境悲慘不在話下，但事實上，她也是個吝嗇、自私的人，然而她無辜的被殺害。拉斯克尼科夫犯下的罪，令人駭然。

沒有一個靈魂能獨自背負這種罪惡感，就算可以，也無法背負得太久。遲早他都得說出來。拉斯克尼科夫找到了一名女孩，一個天使，索尼雅，他對她和盤托出，全無保留。

索尼雅試著說服他向警察自首，最後，拉斯克尼科夫去了警局認罪，也因此被送到西伯利亞的監獄服刑。

滿懷愛意的索尼雅跟著拉斯克尼科夫去到西伯利亞，想等著他原諒自己，一旦他得到自由，就能接受她的愛。

可是，拉斯克尼科夫無法原諒自己。於是，他試著為自己尋找開脫之法。

原 來 是 自 己

　　他轉而以悲痛回應，他告訴自己，由於那「不可知的命運法則」，他註定會殺害這名老婦人。況且，仔細想想，他的所作所為真的有這麼糟嗎？拿破崙不也幹過類似的事，大家還不是照樣為他立了個紀念碑？拉斯克尼科夫不斷試著擴大解釋，想找出種種理由，巧妙地為自己開脫，以證明錯不在己。

　　事實是，拉斯克尼科夫不敢有罪惡感。

　　「哦，他會有多麼開心啊！」杜斯妥也夫斯基寫道，「如果他能把罪攬在自己身上，這會生出各種事物，甚至包括羞恥和羞愧。」

　　然而，不時地，拉斯克尼科夫都能瞥見「他心裡最本質性的背叛」。他心裡深知，他是在欺騙自己。

　　最後，無可避免的事發生了。怎麼發生的，他也不清楚。但是，拉斯克尼科夫投在索尼雅腳下，接受她的愛。「他哭泣著，雙手環抱著她的膝蓋。」他終於擁有了愛的能力。由此可見，奇蹟真的會發生，拉斯克尼科夫寬恕了自己。

　　他寬恕了自己？這個犯下謀殺罪行的冷血殺人犯？是的。「每件事，即便是他的犯行，他的有罪判決和被監禁的事實，對他來說……都只是個外在、奇怪的事實，如今已和他毫無關聯了。」

　　釋放！因為他發現，自己糟糕的過去和現在、以及未來的他已經不再相干。他從自我評判中得到釋放，所以他才能自由地去愛人。

拉斯克尼科夫以驚人的勇氣站起身來，他告訴我們，即使是最糟糕的人，也都能找著釋放自己得自由的能力。

而自我寬恕的高潮，是我們再次感到自己是完整的。二合為一，曾經在你裡頭如此嚴厲譴責你的那個自己，如今張開雙臂擁抱你。你是完全、合一的，兩個分裂的你終於重修如一。你並沒有因此沾沾自喜，你仍極為在意自己曾做了錯事，而且你並不想重蹈覆轍。但你不再讓過去的錯誤指控現在的你，你以平常心面對自己的生命。你讓自己回到了家。

這並不是件一勞永逸的事。你感受到的恨意偶而會回來拜訪，讓你又因為過去的行為拒絕自己。但是，接著你回過神來。一次又一次，再一次寬恕自己。

寬恕自己——可說是醫治過程中最終的神蹟。

但是，該如何寬恕自己？

首要之務就是誠實！不誠實，你就無法寬恕自己。坦率，是你需要的第一件屬靈工具，這是一個丟棄虛假、面對事實的心態。

沒有坦率的心，你就容易自以為是。自以為是可是山寨版的寬恕。有些人流於表面，膚淺是最適合他們的形容詞。他們倚靠自己淺薄的智慧，毫不猶豫的滿足於追求未經考驗的人生；與其說他們是真誠的人，其實看起來還比較像嚼著草的乳牛。

原來是自己

自以為是和寬恕自己的人，就好比一個因注射古柯鹼而飄飄然的人，和一個有正當理由而非常快樂的人。兩者之間的分別天差地遠。

所以，你需要一顆清楚的腦袋，讓你寬恕的心胸有機會發揮。舉例來說，你得要看清自尊和自我寬恕之間的分別。

當你發現自己是有價值的時候，你的自信心就會提昇。尊榮自己，就是最深處的你相信自己是一件值得被擁有，也會有人想要擁有的絕美禮物，你是上帝創造的藝術品，美麗非凡。

然而，有時候你得要先坦然面對人生發給你的一手爛牌後，才能獲得自尊。

我認識一個罹患「象人症」的男士，這個病名本身就很殘忍，他拿到的牌差透了；然而，也是他僅有的一副牌。他漸漸學習如何看見粗刺皮膚下這個美麗的自己；而且，他也學會看重這樣的自己。相較之下，金是一位被領養的美麗女孩，生母發給她的，是一副充滿基因缺陷的牌。雖然人生發給了她一副艱難的牌，但是她選擇接受自己，看自己是一份極為璀璨、來自上帝的禮物。

那些尊榮自己的人有福了，因為他們看得見自己靈魂中的美好。

但是，自尊和自我寬恕並不相同。當你發現自己的好時，你便建立了自尊；當你發現自己的缺失時，你寬恕自己。你尊榮自己是個好人；寬恕自己所作的壞事。

如果你還是看不到兩者之間的不同，那麼有可能你終其一生都可以不斷地為自己拍手叫好，但卻永遠等不到自我寬恕的那一時刻。正因為如此，你需要對自己的行為有清楚的認識。

你還需要勇氣。寬恕自己是愛的終極挑戰。

寬恕自己之所以需要勇氣，其中一部分的原因是和別人的態度有關。自以為義的人才不希望你寬恕自己呢！他們希望你一輩子都撐著那把寫著羞愧的黑傘。

我能理解這些人的看法，因為我就是這樣。我裡面好像有個小人，希望作錯事的人，特別是名人，可以保持低調：排隊排最後一個、小小聲地說話。總之，我想要他看起來有點卑躬屈膝的樣子。嗯，或許不是一點，是非常。

所以，如果你表現出一個已經將罪惡的過去拋諸腦後的樣子，那你就需要勇氣來面對這些自以為義的人。

接著，你需要具體。

原來是自己

　　如果你不夠具體，你就會擱淺在自己的責難中。當你試著想寬恕自己，卻又無法具體說出要寬恕什麼時，這樣的嘗試，恐怕將會不斷地失敗。

　　舉例來說，有很多人寬恕自己是一個這樣的人。沒錯，我們很醜陋、惡毒、心胸狹窄、自吹自擂，可是當我們面對那些我們有所求的人時，又換上另外一副嘴臉，曲意逢迎。

　　這些試著把自己的錯誤不分青紅皂白就捆成一整包的人，其實一點都不謙卑，而是自大到想要當神。就算不是歷史上最偉大，但好歹也稱得上很不錯的美國總統約翰‧亞當斯，就是這麼一個無法放過自己的人。他在日記裡面寫道：「我一事無成，我的人生都浪費在徒勞無功和毫無用處的抱負上，我不斷的禱告常未得應允，我的存在理應要對這個人類社會有些貢獻才是。」偉大的法學家，也是現代國際法之父格老秀斯，在病榻上的最後遺言是：「我人生中沒有成就什麼值得一顧的事。」這些人低喃著自己人生中的錯誤，聽起來很謙遜，但他們不過是在哭訴自己生而為人，而且只能甘為受限如此。

　　你一定也曾經這樣直接戳破自己的牛皮，具體點說，你到底是需要寬恕自己什麼？為了去年你對另一半不忠？嗯，這你倒是可以試著原諒自己。為了自己是這麼一個邪惡的人？不，這樣說真是太過分了，況且，你也沒辦法把自己全部一口嚥下。

　　大部分的人一次沒辦法消化超過一件事。「一天的難處一天當就夠了」，耶穌是這麼說的。當罪惡感被綁成毫無差別的一大綑時，我

們便沒有能力扛住它，而這就能讓我們深陷絕望中。要能成功地寬恕自己，並釋放自己從脆弱良知的控訴中得著自由，那麼唯一解決之道，就是具體地指出我們需要寬恕自己的地方，然後一次只著手處理一件事。

最後，你需要不顧一切地做出一個愛的行動，以此確認你真的原諒了自己。除非你把賭注都押在愛上，否則你無法真實地知道，你曾和罪惡感抗爭，而且得勝了。

一個女人竟膽敢闖入她未被邀請的宴席之中，猛地伏在耶穌腳前，傾倒她連綿不絕的愛意，而耶穌對此的解釋是：「她的愛多，因為赦免也多。」

愛是一個「你已經做到了」的記號，表示你已經從定罪的愧疚感中得釋放。你不會每次都知道寬恕自己的具體時刻，這有點像開在通往山丘頂端的漫長公路上，你不會知道什麼時候車是在水平的坡面上，但當你踩著油門，車子猛力前進抵達山頂時，你一定知道。每個自我寬恕的人都會擁有這種愛的能力，而對任何人作出一個愛的行動，就證明了你擁有這項能力。

你可以買一份禮物給她、邀請他一起吃晚餐、探望一個正在病中的人、擁抱一個你未曾擁抱過的朋友、寫一封感謝信，或是，告訴老爸你愛他。這些行動都再次確認了我們有能力施展寬恕自己的奇蹟。

是的，愛給予我們寬恕自己的權利，同時，愛也帶來能力，至少能助你一臂之力，讓你可以開始試著寬恕自己。慢慢地，你能得到醫

治，蝸牛步雖小，但總好過站在原地，雙腳彷彿被自我控訴的水泥黏住，動彈不得。

　　寬恕自己，就是去實踐同時身為寬恕者和被寬恕者的奇妙過程。你會判斷自己，於是你裡面開始產生分裂，而當你寬恕自己時，你能夠使分裂的兩者合而為一。

　　你應該要敢於採取這麼一個簡單的行動——寬恕自己，這也給了世界一個訊號，顯示出上帝的愛在你心裡頭的能力。

9.

Forgiving Monsters

那些生命中的禽獸

　　現實生活中，總有一些洪水猛獸，能做出一般人想都不敢想的邪惡事情。它們就像踩扁所有人的高大巨人，或是緩緩而行誘惑著幼童出賣身體的敗類。巨人也好，混混也好，他們狠狠地傷害他人，以至於他們可能不再配得被寬恕的資格。

　　他們的邪惡為什麼糟糕到讓人難以寬恕？有時候，是因為寬恕這樣的人看起來毫無用處，比如說一群因為嗑了藥飄飄然，殺了在路旁玩跳房子的小孩的惡徒。有時候，則是因為這個人犯下的罪惡大到難以想像，好比將整個社區洗腦，以至於居民集體自殺的吉姆・瓊斯。可能還有其他使一個人罪大惡極到難以寬恕的原因，但單單上面這些原因就夠我們咋舌了。

　　是否真的有些人是不能被寬恕的？我們該如何去分辨？我們為什麼不原諒這些犯下駭人邪惡行為的人？有一個理由倒是頗有說服力。

Forgiving Monsters
那些生命中的禽獸

　　如果我們寬恕這世界上的野蠻邪惡，恐怕我們會減損它們的駭人程度。寬恕會讓這些錯事大事化小、小事化無，這個世界的轉動如常，但深具包容性的人類社會卻開始慢慢消化、吸收這些邪惡，以至於開始對邪惡渾然不覺。

　　直言不諱的小說家歐芝克（Cynthia Ozick）就曾說過，寬恕這些禽獸「會模糊受苦和死亡的事實。也掩蔽了過去，把理應向受害者施予的憐憫，轉而用在施暴者身上」。

　　歐芝克這番見解恰得其所，她和受苦者站在一起。但我相信，還有另外一個不同的角度。

　　寬恕並不會讓邪惡縮小。寬恕巨大的邪惡，也不會使罪惡巨大的程度減少一分一毫。事情得先經過毫無保留的披露和誠實無畏的判斷以後，才可能有真正、真實的寬恕。當我們寬恕邪惡時，不代

表我們覺得它的存在無所謂，也不代表我們容忍它發生，也不是在息事寧人。我們正視邪惡，誠實描述它，因之震驚、目瞪口呆、勃然大怒，只有這樣，我們才能寬恕。

況且，邪惡的力度絕不只牽涉到犯行的數量而已。

痛苦也不是按著有多少人受苦來衡量。如果房間裡有兩個人，其中一個人頭痛欲裂，另外一個人雖然也頭痛，但你並不會因此就加倍計算第一個人的頭痛程度。

如果你被人背叛，你會覺得自己彷彿獨自承受著全世界有史以來被背叛的人的所有痛楚。我們不可能把所有人被背叛的痛苦相加之後，再平均分配給每個經歷過背叛的人。即便世界上還有其他成千上萬的人也都被背叛，但每個受苦的個體，都感受到被背叛的全面痛楚。

一個被強暴的女人，不會去設想一個強暴一百個女人的強暴犯是否可被原諒。她只會問自己，是否能夠原諒那個強暴自己的男人。

而就算邪惡能夠用數字計算，我們又怎麼知道什麼時候，一個罪犯跨過了可被寬恕的那條線？根據直覺判斷？還是我們可以指派聯合國大會來判斷暴行的可寬恕性？或者我們應該諮詢哈佛哲學系委員會？再想了！最好的方法是去找個一般人問，就算他沒唸過書，但只要他曾被重重傷害過，後來卻得到了醫治，就是我們要找的人。

更何況，如果說這些獸性之人不能得到寬恕，那我們其實是給了他們一個他們不配擁有的能力。這些極為邪惡、不可寬恕的畜生，彷

佛牢牢掐著被害人的喉嚨,把他們打入終生不得傷癒的監禁中。若說他們是不可寬恕的禽獸,我們其實是給予了他們的犯行生生不息的能力,讓他們的邪惡繼續存留於那些受害至深的人心中。我們賦予他們能力,讓他們可以確保受害者終生都活在痛苦的回憶中。我們讓這些怪物有決定權。

最後,諷刺的是,當我們拒絕寬恕這些禽獸時,更是讓他們得其所願。

這些禽獸才不想被原諒。全世界都唾棄他們,更讓他們得以向世界證明自己。這大概也是每個納粹高層的夢想吧,即便他們在紐倫堡大審中被判刑,他們還是妄想,有一天德國人會為他們立個紀念銅像呢!

當然,還有一種站不住腳的結論:如果我們褫奪邪惡巨人被寬恕的權利,其實就是對受害者殘忍,更是讓那些禽獸稱心如意。

再試著想想,當我們說有些怪物太邪惡了,所以是無法被寬恕的,這實際上和我們的本意背道而馳。

當我們宣布一個邪惡的人已超過寬恕的極限時,我們其實是創造出一頭壓根兒不需要獲得寬恕的怪獸,讓他/她不需要為自己所作泯滅人性的事負責任。這成為讓任何一個人變得絕對邪惡的謬論。

讓我們再多思考一點,才能把這個觀點說得更清楚!

我們來看看艾希曼（Adolf Eichmann），他是猶太人滅絕行動的首腦，他策劃出的邪惡行為如此駭人，我們所能感受到的，難及實際狀況的皮毛。二次大戰結束後，以色列法庭判決他反人道罪，他在耶路撒冷受絞刑而死。

艾希曼可以被寬恕嗎？

猶太作家漢娜鄂蘭前往耶路撒冷，報導艾希曼的審判過程。她觀察這個人，聽他說話，研究、分析他，最後寫成《艾希曼在耶路撒冷：平庸的邪惡》一書。

平庸？這種邪惡？說起平庸，可能我們會聯想到愚蠢、陳腐、乏味、空洞和無聊等字。她怎麼可以用這些字形容艾希曼和他的暴行？

漢娜鄂蘭並不是說艾希曼的惡行一點都不糟糕，而是試圖想表達，艾希曼並不是超人，更別說他也不是超級大怪獸，這個既愚昧、無聊、平庸又一般的人，使用了他身為人類的自由，選擇讓自己成為納粹機器的工具。

有些人被漢娜鄂蘭「平庸的邪惡」這個措辭大大觸怒。但我要問，難道他們不曾落入其他試探嗎？大眾是否誇張了艾希曼的邪惡？他們是否認為艾希曼是邪惡之神？

我認為他們放大、超人化了艾希曼的邪惡。艾希曼好像被放進一個未經稀釋的邪惡濃縮核心，那是所有邪惡的集合體，甚至可以說，它就是惡魔自己。艾希曼化身成為一名邪惡之神，他的所作所為是只

有神才能做到的，而在這個純然的邪惡上面，披掛著他微薄的一層人性。

當我們把艾希曼描繪成一個十惡不赦的怪物時，他就不再是一個需要擔負責任的人，而是超越了善惡。為何還需要給他被寬恕的資格呢？反正他已經超越了善與惡之間的掙扎，因此我們排除了他在得以被寬恕的圈圈之外。

這真是矛盾！

我們消滅艾希曼，像是打死一隻萬惡的蚊子一樣，或像是射殺一頭騷擾村莊的兇惡野獸。我們並不認為他是一個該負起責任的區區人類，而是將他非人化。

事實是，平凡至極的人常能犯下非凡的邪惡。當然，我們應該評斷他們，因為他們難辭其咎。但如果可能，我們寬恕他們，因為我們自己也需要獲得醫治。

如果寬恕是過去傷痛的解藥，我們就不該剝奪任何人獲得寬恕的機會，因為這樣甚至會使受害者無法經歷因寬恕而帶來的醫治。

因著愛，寬恕有創造性地違反了所有計較得失的規則。但是，受害者具備寬恕的能力嗎？這些禽獸爪牙下的受害者真的可以寬恕它們嗎？這又是另一個相當不同的問題。

答案可能不是唾手可得，而只能從那些遭受怪物荼毒，經歷如地獄般時刻甚至長達數年之久的人心中，娓娓道出。我這兒沒有答案，那些未曾從怪物邪惡作為中倖存的人，也不會有答案。只有那些曾經親眼見過這些怪物，並用自己的生命親身經歷怪物惡行的人，才有解答。

或許寬恕力量的解答並不在腦海中，或許它來自被傷痛撕裂的心，最終是從這顆被盼望再次充滿的心中發出。

10.

Forgiving God

竟 然 是 上 帝

　　有一個非常古老的故事，故事主角是一位裁縫師，他在會堂裡禱告完走出來時，正好遇到了拉比。「李夫阿胥蘭，你來會堂做什麼？」拉比問道。

　　「拉比，我是來禱告的。」

　　「很好，你有好好認罪嗎？」

　　「有的，拉比，我有認一些小罪。」

　　「一些小罪？」

　　「對，我承認有時候我會偷工減料，有時候少用了幾吋布。」

　　「你有把這些事都對主說嗎？李夫阿胥蘭。」

◆

FORGIVE and FORGET
寬恕，是真的可以嗎？

「當然了，拉比，不只這樣呢，我還跟上帝說：『主啊，我確實是偷工減料，但祢卻是讓小嬰兒死掉。不然這樣，我來跟祢打個商量，如果祢願意原諒我犯的小罪，那我就不計較祢的大罪了。』」

這個猶太裁縫師找到上帝，要祂負起責任。

猶太拉比庫希納的兒子在即將滿十五歲前身亡，他因此承受著難以言喻的痛苦。在他的書《當好人遇上壞事》中，他再次敲開我們的心門，讓我們問道：上帝在哪？當好人被不公平地狠狠傷害時，祂究竟到哪去了？庫希納不認為當壞事發生在我們身上時，都是上帝的錯；我們不能期待上帝掌管每一件事，所以我們可以放上帝一馬。然而，他還是挑戰我們，不管三七二十一的選擇原諒上帝。

當祂讓你期待落空，讓你失望，甚至允許霉運、病痛和祂創造的世界中發生邪惡的事，並允許這一些事情發生在你身上時⋯⋯你是否能夠原諒⋯⋯上帝？

你可能會反射性地回應：你不能把這些事情算在上帝頭上，祂不能被寬恕。詩篇說：「耶和華在祂一切所行的，無不公義；在祂一切所做的都有慈愛。」身為上帝的意思，就是你永遠不需要說抱歉。

當主角是上帝時，即便有所抱怨，我們的虔敬並且反射性的回應，仍是急著為祂辯護。

或許吧！但對那些認為上帝丟棄他們，讓他們在風中痛苦擺盪的人來說，我們實在不該壓下他們發自本性的呼喊。如果我們為自己所承受的不公而寬恕祂，能讓我們心中得著平靜，那麼是否上帝不會太

介意我們怪罪祂？或是假如我們可以找到一個不需要怪罪祂，但又可以寬恕祂的方法？給特殊關係專用的特殊寬恕法？上帝會介意嗎？

我們試著再多聊聊關於寬恕上帝這事吧！心懷虔敬，開誠布公地。還記得寬恕的四部曲嗎？前兩步驟是關於我們受的傷害和我們萌生的恨意。

首先，我們受了傷

專注在你受到的那些不公平又深重的傷痛上。不要試著為了上帝沒有把你造得更聰明或更美麗而寬恕祂；也別為了上帝沒給你一雙富有而且遺傳給你明星般長相基因的父母而寬恕上帝。不會有人樣樣都有。

此外，書中也提到，你不應該為了自己做的孽而寬恕上帝。如果你一天抽兩包菸，持續了二十年，後來得到了肺癌，可別為此而寬恕上帝。

然而，有時候我們確實毫無理由地受苦，而其他品德不如我們的人，卻安然過活。有一個女人為了得子，禱告了十年之久，但從未如願；另一個少女四處留情後，到墮胎診所，將另一個女人極其渴望、視為比生命還重要的珍寶棄若敝屣。有一個人遵守所有可以維持良好健康生活習慣，卻在三十五歲時死於腦癌；他的朋友又抽菸又喝酒，養出一個大啤酒肚，卻一路活到八十五歲。上帝祢若是可以伸手幫幫忙，那還真求之不得。

有時候，上帝似乎什麼事都不做。

厄普代克（John Updike）的小說《兔子，快跑》中，主角哈利‧安斯特朗在一個晚上怒氣沖沖地離家，他的老婆珍妮絲喝得有點醉，在家裡顧著他們的寶寶。珍妮絲把寶寶放在澡盆中，幫寶寶洗澡。寶寶的身體沾了肥皂滑滑的，珍妮絲的手又不聽使喚。她抓著寶寶，但抓得不穩，她怎麼抓都找不到一個對的姿勢。

一股帶著危險的扭曲感受抓住了她混亂頭腦的注意，她知道，「能夠發生在世上任何一個女人身上最糟糕的事情，現在正發生在我的身上。」

哈利幾個鐘頭後回到家時，恐怖的事實正等著他。

他走進浴室。浴缸裡頭的水還在，於是他挽起袖子，拉起連接塞子和水龍頭的鍊子，把塞子從排水孔中拉起。

他呻吟著說：「這麼簡單的事，不過就是拉起這麼一個塞子，但全能的上帝卻什麼都不做。」

你幾乎可以在每個地方都聽到跟哈利一樣的喃喃自語。有時候，塞子就是塞住了，而當它塞住時，那種感覺彷彿我們的靈魂被赤裸裸地丟到暴風雪中。

但是，當然我們得往好處想。大多數時候，我們的孩子並不會溺死在浴缸裡面。我們的孩子撐得住流感，也能在交通繁忙時騎著腳踏車安全回到家，他們也能逃過毒販的推銷，或躲過變童癖的魔掌。大

部分時候，我們的孩子都不會得到癌症，一般的情況是，我們爬上床，隔天早上即時起床，冒著生命的危險，撐過一整天的遠足活動。

然而，當不幸發生在我們身上時，我們並不會覺得那些快樂的日子，可以用來平分掉這些痛苦，我們想要知道，難道不能預先做些什麼來避免發生這些可怕的傷害嗎？

於是，我們痛恨上帝

要痛恨上帝，你得是個狠角色，或甚至可能是個有點瘋狂的人。誰能夠蠢到祝上帝壞運？連約伯都沒那個膽接受她老婆的建議呢！「詛咒上帝，然後去死吧！」我也沒這個膽。詛咒上帝？想都別想！

但有時候我們的確痛恨上帝。我想，我們所有人都曾在背地裡偷偷恨過祂。

如果我們不敢去恨這位賜生命的上帝，那至少我們可以恨祂賜給我們的東西。於是，我們痛恨祂創造的世界，或者，我們恨自己。比如說，當所有能夠讓我們感到開心活著的理由，都讓我們不屑一顧時；當好事發生在朋友身上時，我們憤恨不平；或是我們抑制心中每次快樂的跳動，這些時候，我們就是在餵養對上帝消極的恨意。

或許無神論者才敢毫不掩飾的痛恨上帝。我想到了葛拉罕·葛林《愛情的盡頭》一書中的莎拉，她是個熱切相信上帝的人，她閉上眼睛，進入了信心之地。她愛人的方式就和她對神的信心一樣，那種信心彷彿永無止境。但是，莎拉卻英年早逝，對於她所愛和愛她的人來說，對在莎拉死後才發現自己愛著她的那位男士來說，她更是死得太早。

◆

他恨上帝，她的另一個愛人亦是，而且他還膽大包天地將自己的憤恨當著上帝的面發作：

> 祢的偉大計畫毀了我們的幸福，就像採收農產的農人毀了老鼠的窩一樣。上帝我恨祢，我恨祢，雖然對我來說祢應該是不存在的。

真正的信徒表達的方式，看起來比較像先知耶利米。他們不敢真的恨上帝，所以只好痛恨生命。當耶利米覺得上帝讓他失望時，他把這個憤恨轉而向自己發作：

> 願我生的那日受咒詛；願我母親產我的那日不蒙福！

> 給我父親報信說你得了兒子，使我父親甚歡喜的，願那人受咒詛。

怨恨上帝賜給人的美好禮物，是信徒拐彎抹角痛恨神的方式。

你恨上帝，因為你覺得最重要的朋友竟然成了最糟糕的敵人。祂明明可以把浴缸塞子拔起來的，但是祂卻眼睜睜看著寶寶溺死。就如同〈耶利米哀歌〉中一個猶太人這麼說：「主如仇敵……加增悲傷哭號。」

接著，我們為上帝辯解

我們一邊控訴上帝，一邊又為祂辯解。

你相信上帝，急著要為祂讓你受苦而生的恐懼、恨意辯護。上帝為何不替我們省點事，把浴缸塞子拔掉？任何一個會思考的人都能找到合理理由。

如果你認真想，你一定也可以把自己的痛苦，看成是這塊永遠寧靜的布幕上的一個小點。本來就痛恨上帝的人，看事情的角度可能就狹窄一些，他們的痛苦讓他們看不到這塊寧靜的布幕。信徒能夠從正確的角度來看事情。

走進任何一個大型購物商場，你都能看到那些灰色、白色、黑色組成的地板，似乎並沒有組合成任何可以辨識得出的圖案。但如果你往上走到廣場上方的平台，然後再看看地板的全貌。現在映入你眼簾的是一片美麗的馬賽克地磚。你那破碎的小角落放在整體的大設計中，看起來好極了。

你不會用人物畫裡頭一個偏暗的角落，來評斷林布蘭的油畫作品。往後退一步，看看整體吧！陰影讓光線看起來更亮了。

上帝的工作也是這樣，黑暗的陰影只是更強調了它奪目的光芒。當我們站在一個更高的視點時，我們終究會看到，上帝能讓一切彼此調和。我們所有的痛楚，都會讓祂隨後賜下的憐憫顯得更溫柔。

在這個哲學性的信心中，我確信一定有個能讓我們獲得安慰的地方。或許這個能幫助有些人相信，即便在最深沉、最不公的受苦中，這些苦楚都只不過是上帝偉大協奏曲中的一段小和弦。

然而，我不會跟我對門的鄰居說這些，他們為年僅十二歲的兒子霍華癌症病逝而悲痛著。幾個月前，癌細胞出現在他的睪丸上，接著擴散到他的腸子，癌細胞來勢洶洶，要取他性命。我才不敢說，未來有一天，在人類帆布上霍華的癌症會看起來很好看，就像是林布蘭油畫上的一個小陰影。

就當我認為自己想到一個永遠不需要寬恕上帝的好理由時，我想起了維瑟爾。我想起他在奧斯威辛集中營時，看著一個小男孩在絞刑台上吊著，奄奄一息的樣子。他根據這難以忘懷的回憶，寫成《夜》這本書，在裡頭，維瑟爾描述了他所看到的景象：

有一天，我們工作回來後，看到集會場上立起了三座絞架……有三個受刑人被綁著，其中一個，這個小小的男孩，眼神悲傷的小天使……

三個受刑人被綁著，站在椅子上。

三個人的脖子同時被套進繩圈中……

彷彿一聲嘆息，三張椅子往後倒下。

整個集中營裡瀰漫著完全的靜默。

開始繞場。兩位大人已經氣絕身亡……不過第三條繩索還在動：小男孩因為太輕了，還呼吸著。

他就這樣殘活了半個鐘頭。我們被迫注視著他慢慢死去。

在我身後,有個男人問道:「天啊,上帝到底在哪?」

我心底有個聲音回答他:「祂在哪裡?就在這裡,吊在這個絞架上。」

維瑟爾心底告訴他上帝在哪裡的聲音,是從哪來的?是腦袋發出的聲音嗎?不,這是從他心裡頭發出的聲音。

在那個駭人的時刻中,他唯一能聽到的聲音只有來自他心中的聲音。任何用頭腦想出來,想為上帝辯護,在此刻都只顯得如此冷酷、殘忍。

然而,在這些懷疑之中,我腦袋裡某一些關於上帝的事,卻仍舊顯得合理。這並不像是:我經歷的痛苦可以成為美麗花紋的一部分。而是,即使我所受的苦不是我應得的,但這些事卻能幫助我感受到上帝是我的朋友。

讓我來說說這些事吧!

之後,我會再讓我的心說話。

首先，我瞭解到上帝賜給我的世界，是我想活在其中的。

我真的想被創造成是會受傷的人，我並不想當天使。我喜歡我的身體有末梢神經，這樣當一位女士輕輕碰觸我時，會讓我覺得很舒服。如果她溫柔的觸碰能讓我覺得很舒服，那我也得承受她可能會說出粗暴言語傷害我的風險。

上帝創造我們擁有自由意志，這個世界的其他人也是如此。我也喜歡這個部分。我不會想將之換成一個：每個人都對我很友善，但他們之所以如此，只是因為他們沒得選擇，必須這樣的那種世界。然而，如果我想身處在擁有自由意志的人當中，我就得冒著他們有時候可能會傷害我。

在這種情況下，傷害原本就無可避免。而既然我喜歡待在這兒，我又何須為此寬恕上帝？

然後，我想到上帝也和我一起受苦。

當一個人和我受一樣多，甚至更多苦的時候，我並不怎麼覺得我需要原諒這個人。當我抱怨上帝「我需要祢的時候祢在哪」時，我想祂應該會用微小的聲音說：「我在那裡和你一起受苦。」

　　當耶穌在十字架上將死之際，也曾想過上帝到底在哪：「我的神，我的神，為什麼讓我失望？」

　　然而，神真的離棄了耶穌嗎？對照後來發生的事，我們都知道當耶穌掛在十字架上時上帝在哪裡。祂並不是消失不見，祂就在耶穌裡，一同承受著痛苦。

　　當我思考著我受傷時上帝在哪裡，祂在做些什麼的時候，我得到一個可能的答案：或許，祂就在我裡面，而我所受到的這些痛苦，其實傷祂比傷我更深更重。祂和我一同受苦，或許藉著我，祂世界中的一個小角落，也能因此得到醫治。也或許，祂和我們一起受苦時，也正在一邊創造一個新世界，在那裡有公義有平安，不公的受苦也永遠地消失了。這樣的想法，在我思考著是否該寬恕上帝時，對我很有幫助。

我相信上帝會寬恕

當壞人沒來由地傷害無辜人時，上帝會做些什麼？答案是：祂會原諒那個壞人。

我想起在杜斯妥也夫斯基的小說《卡拉馬夫助兄弟們》裡，兩兄弟伊凡和阿列克塞之間的一段對話。伊凡是個無神論者，可是呢，阿列克塞卻有著虔誠信仰。伊凡經歷過一些可怕的事，他曾目睹過一個小男孩被丟去餵領主的狗，而他的父母只能袖手旁觀，只因為這個小男孩偷吃了領主果樹上的一些果子。除了這個，還有很多其他悲慘的事。我們怎能相信上帝容許惡人對無辜的孩子，做出這麼可怕的事？

阿列克塞沒有答案。他只能這麼回答：「只有上帝能寬恕人所作的一切，因為祂曾為了每個人的所作所為流出無罪的血。」

阿列克塞真的有回答到他的哥哥嗎？或許這個答案有些迂迴。但阿列克塞的回答又引發了另一個更重要的問題：既然上帝會寬恕那些應該為自己做出這些可怕事情負責任的人，那我們又何必寬恕上帝？

我自己則是比較認同阿列克塞的答案。

當我疑惑著人類受苦時上帝到底在哪裡時，我就會想到這些事。而這些事，能幫助我視上帝為一個和受苦者一起受苦的朋友，而不是一個需要被我寬恕的對象。

但是，這樣想還是無法解決所有問題。我們心裡的疑惑還是沒有完全消除。

Forgiving God
竟然是上帝

　　我生存在這個陽光普照的世界裡，而痛苦是必然存在的陰影，但是，非得讓我這麼痛苦嗎？我知道當我們受著不公平的苦楚時，上帝也跟著我們一起受苦，但難道祂不能讓痛苦快一點消失嗎？我知道上帝願意寬恕那些傷害我們的人，但祂難道不能讓那些邪惡的人不要做那些傷天害理的事嗎？

　　好吧，我想到頭來可能我們還是需要寬恕上帝。或許我們可以偶一為之，而且也不是為了祂，而是為了我們自己的緣故！

　　曾經發生在我和朵莉絲身上的一件事，逼得我不得不面對寬恕上帝這回事。雖然我知道比起很多其他人所經歷的，相形之下這可能一點都稱不上嚴重，但我之所以分享這個故事，因為這是我們親身經歷寬恕上帝的一個重要時刻。

　　我還在讀書時，朵莉絲和我決定，只要我一完成學業，我們就可以準備生孩子。然而，經過種種嘗試後我們卻都無法如願，朵莉絲始終沒有懷孕。

　　不管住哪裡，我們都會到當地的不孕症診所求診，舉凡阿姆斯特丹、牛津、美國伊利諾州、紐澤西、密西根大溪城等。而且，只要體溫計一達到適合受孕的溫度，我就立刻提槍上陣。當然，整個過程中我們也不斷禱告。

　　朵莉絲終於懷孕了，雖然已經是好一陣子之後了，但總算是真真正正的懷孕了。我們心心念念的事情終於成真。四個月過去，五個月過去，然後六個月。就在孕期的第七個月時，事情發生了。

◆

有一晚，快要十點鐘時，我正在廚房弄餅乾和芝士，朵莉絲躺在沙發上，睡眼惺忪的咕噥著說要起身準備上床，她話才說到一半，就在同時她大聲叫著我的名字。我直覺反應，一定發生糟糕的事情了。果然。就好像朵莉絲身體內有一個水壩，然後水壩潰堤，傾盆羊水淹沒了整個德文港一般。

快打給醫生。我用顫抖、笨拙的食指插入正確的電話轉盤孔撥號，終於，我們的產科醫師艾德·波斯特馬接起了電話，他告訴我一件我一點都不想聽見的糟糕事。

「你仔細聽著，快帶朵莉絲上車，然後馬上來急診。不過，我得先告訴你，你可以在來醫院以前就跟朵莉絲說，寶寶早產，所以他發育不全的狀況會很嚴重。」

我拿衣服把朵莉絲緊緊包裹好，小心翼翼地讓雙腳彎著舉高的她，坐進我們那台破破爛爛的普利茅斯轎車後座。

然後我把這個像是一顆惱人腫瘤的可怕事實，扔進朵莉絲早已嚇壞的腦袋裡。

嚴重的發育不全。

你可以接受嗎？可以吧，我想我應該可以。你呢？我不知道。

我們的醫師在急診室等著。

我們為朵莉絲辦了住院手續，讓她坐在輪椅上，然後推著她到產房去，那裡是媽媽們迎接新生命誕生的快樂之地。

　　幾個小時過去了，這段時間讓我們有機會思考到底發生了什麼事，而朵莉絲縮短的陣痛間距也告訴我們，臨盆的時間快到了。我出神地帶著我的驚慌走進一間小小的等候室裡，那裡還有一個小我大概十歲的卡車司機，他在等著他的老婆為他生下他們第三個完美的孩子。「天哪，我還沒準備好呢！」他說。

　　兩個小時後，穿著綠色手術服的波斯特馬醫師走了進來，面罩拉下到下巴，臉上帶著一抹在不安的我眼中頗討人厭的微笑。但他接下來說的話卻再美好不過了，他說：「寶寶很好，我們搞錯了，現在一切看起來都沒問題。是一個男孩，來吧，我帶你去看看他。」

　　我和我的孩子打了照面，我的魂中魂，肉中肉，髮中髮，他躺在那兒，身體皺皺的，眼睛、鼻子、嘴巴深陷在他那三英吋長、赤紅紅的臉上，細細小小的手指埋在僅有兩顆彈珠大的拳頭裡，哇哇大叫著。我成為了我一直想成為的人，一個正常男孩的親生父親。

　　我帶著飄飄然的喜悅一路開車回家，因為我相信可以發生在全天下任何人身上最美好的事情，已經發生在我身上了。我睡了幾個小時後起床，打算撥幾通電話給我朋友，和他們分享這個好消息。

　　然而，在我打電話給任何人之前，我們的小兒科醫師從醫院打了電話給我。從他的語調，我知道上帝給我們的新鮮憐憫突然在一夜之間臭酸了。他說，寶寶呼吸得不是很好，你應該來一趟醫院。

　　我開車回醫院，心知那裡不會再出現第二次的奇蹟。

　　朵莉絲還沒來得及出院，我就送了我們的寶寶最後一程。朵莉絲根本沒機會看到寶寶的樣子，是她讓寶寶活蹦亂跳的來到這個世界，

而我在門外等著；現在，我把死去的寶寶埋葬了，她人卻還在醫院裡。

　　接著，我開始感受到哀痛。為這個我們期盼已久，比任何一切都還想得到、最後卻失去的孩子；也為著這場瘋狂遊戲中嘲諷著我們，讓我們在痛苦中跟跟蹌蹌的惡意。在那個晚上我們都準備好要來愛這個可能發育不全的孩子了，為什麼讓我們經歷連醫生都稱之為奇蹟的驚喜？又為什麼，奇蹟都發生了，死亡卻成為最戲劇化的結果？我覺得自己成了這個殘酷的信仰中的笑話主角。

　　我會因此而恨神嗎？我知道我不敢這麼直勾勾的讓上帝看到我的恨意。我想我會跟耶利米一樣，憎惡活著這件事。

　　然而，我們以出乎自己預料地速度痊癒。我自己根本沒有意識到這點，但我現在知道，我們當時做的事，其實就有點類似寬恕上帝。

　　我們靠在彼此身上尋找力量，很快地，雖然這麼說很奇怪，但我們卻一起感受到生活中的美好，即便在那個殘酷晚上發生了這件事；即便我們當時覺得我們有遇見好事情的權利。但是，這樣的感受就這樣臨到我們，而且也不是像一名思想家，突然找到一個哲理問題的答案一般戲劇化。我們只是坐在朵莉絲的床上，一起哭，一起疑惑，一起悲傷，表達對彼此的愛，就只有我們這兩個頭腦還混沌不清的人。

　　我們一起感受痛楚，從沒有去計較誰痛得多，誰痛得少，只知道我們是一起悲傷，一起覺得空洞、迷惑。而這樣很好，我們的生命因為共享傷痛而美好。

Forgiving God
竟然是上帝

在感受到生命還是很美好時，我再次感到，上帝是我生命中的賜予者，而非掠奪者。我在受苦的耶穌身上所認識的這位上帝，並不是一位肆意、無目的讓我們受苦的神。

我知道我不能一邊享受著生命的美好，一邊卻繼續想著：上帝奪走了我的孩子。我知道當我心裡每次問著「為什麼小寶寶會死掉」的時候，腦袋都絕對找不到答案。但我聽到我的心告訴我，上帝和我們在一起，有那麼一個短暫的時刻，祂和我的孩子一樣孤單地死去。

直到現在，我仍和事發當時一樣不明白，在那年三月的一個晚上，那場我和朵莉絲不得不置身其中的瘋狂遊戲裡，上帝到底扮演了什麼角色。但我確信，我不該把所有事情算在祂頭上，或是一直提醒祂，祂讓我們失望。

我寬恕了上帝嗎？就某方面來說，我想我是。

但原諒上帝和寬恕一個仇敵是不一樣的。當你寬恕你的敵人後，他們可能仍然與你為敵；但當你寬恕上帝時，你只是待在寂靜中，摸索著生命中的美好，並且相信，雖然發生了這一切事，祂仍然是你的朋友。

How
People
Forgive

寬恕，怎麼做

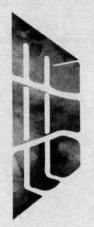

PART 3

    寬恕是以愛對抗生命裡的不公平的革命性武器。當我們寬恕人時，我們就是無視一報還一報的這個公平法則，藉著愛的魔法，我們將自己從痛苦過去中釋放出來。

    我們繳了道德的學費，於是可以從過去的不公平裡創造新的未來。我們釋放自己得自由，不再把自己深鎖在過去的錯事中，也斷開捆綁我們心靈的邪惡，而如果夠幸運，我們也可以重建原本可能永遠失落的一段關係。

    原諒是一個奇蹟，然而，只有少數人才擁有能夠輕而易舉寬恕人的超凡能力。對於一個只擁有平凡愛的能力的人，寬恕所需要的條件，實在不容小覷。有些心存懷疑的人聽到耶穌寬恕人時，就挑釁問道：「除了神，誰能寬恕人的罪？」英國小說家查爾‧威廉斯寫道，寬恕在本質上不是一件我們可以去做的事情，而是一場遊戲，我們只能當參與者。

　　當別人需要去原諒時，我們說著一口亮麗要別人寬恕他人的台詞；但是，只有極少數的人，在發現自己要原諒別人的殘酷行為時，擁有原諒對方的胸襟。

　　不過，眾人——普通人，而非聖人——確實有能力去寬恕，亦因此從可怕的痛苦中獲得醫治。

　　我想邀請你一起，來看看平凡人是如何用自己的方法原諒他人。當然，別人的方式，甚至是細節，不見得一定和你的方法一樣。然而，看看別人怎麼做，可能對我們會有幫助。不要期待什麼小撇步或技巧，而是多注意一些訊號與提示。記住，可沒人說，原諒是一件簡單的事。

———————◆———————

11.

Slowly

花時間慢慢來

　　原諒需要花時間，對有些人來說，更要花很多時間。有時候，你實在掙扎了太久，以至於根本不記得，當你終於原諒了他人的那一刻：可能只是某天起床，當你想著那些你想要原諒的人，然後突然有一點震驚地發現，原來你早已原諒他們了。你是怎麼知道的？因為你發現你開始希望他們過得好。

　　寫下著名兒童奇幻小說的英國基督教文學作家魯益師，小時候曾經被公立學校的一個老師深深欺負、傷害。這個有虐待狂的老師讓班上的小孩生不如死。魯益師一直無法原諒這個老師，這情況在他心裡持續了大半輩子，而他對於自己始終無法原諒一直耿耿於懷。但是，在魯益師去世不久前，或許就只有幾個月，他寫了一封信給他在美國的朋友。

親愛的瑪莉：

……你知道嗎？就在幾週前，我突然發現我終於原諒了那個殘忍的學校老師，他讓我的童年時光蒙上一層陰影。這麼多年來，我試著原諒他，就跟你一樣，每次我覺得已經原諒他的時候，接著我又可能會在一週後發現，其實根本還沒有，於是整個過程又得重頭再來一次。但這一次，我確定，這次是來真的了。

你真誠的
傑克

這次是來真的了，毫無疑問。但或許，如果魯益師繼續活著，他可能還是得再多重複幾次原諒的過程。憤恨的習慣很不容易被打破，我認為，比什麼其他壞習慣都來得困難。當我們想要改掉壞習慣時，我們會失敗好幾次，然後才終於真的完全擺脫它們。

最近，我和兩個朋友一起吃午餐，慶祝他們在學術界觸礁的三十年紀念日。他們曾是英雄中的英雄，是我在神學院就讀時的教授。那時，他們是充滿著夢想的年輕人，試著把一個新的異象注入這個垂垂老朽的學術機構裡。其他人認為他們夜郎自大，是這個偉大、正統傳統的威脅。當外面的世界知之甚少、漠不關心的時候，他們就已經和學校在理念、心思上進行一場戰鬥。

這是典型的學術活力和機構僵化之間的衝突。僵化的組織最後

◆

獲勝了，我的朋友被開除，他們被重重的傷害。英勇無懼，卻落了個流落街頭的下場。

三十年後，我問了一個值得一問的問題：「你們是否已經原諒那時害你們被開除的人了？」

他們其中一人回答我：「認真想想，其實我原諒他們已經很久了。慢慢思考了一陣子後，發現其實我跟他們一樣都需要被原諒。不只這樣，我也漸漸看清，那些人正直或狡猾的程度，跟我其實都是一樣的。大概在十年前，我發現自己希望他們過得好。我們從來都不是朋友，但或許在不同的情況下，我們有可能當朋友。所以，我想我應該已經原諒他們了，而反之亦然。我花了很久的時間才原諒，或許太久了，但我很高興一切都完了。」

你被傷害得越深，就需要越久的時間才能寬恕。小瘀傷很快就能痊癒，但當你的心裡彷彿被大砍八塊時，你就要有心裡準備，痊癒的過程得花上更長時間。

有時候，因為我們花得時間太久了，所以當我們跨越那條線時，自己都不知道，就像我們也不知道自己到底是什麼時候跨越孩童時期，進入到成人時期。

也有時候，你好像慢慢地滑進寬恕之門，你幾乎沒有注意到究竟是什麼時候你站了起來，或到底你什麼時候進了門。但在經過幾次刻骨銘心的嘗試之後，你漸漸覺得，在沿路上的某個地方，你早已跨越這條橫亙在仇恨和寬恕之間的線。

Slowly
花時間慢慢來

在寬恕這段旅程中，的一開始就下定決心，對你會有幫助，這麼做或那樣做，要嘛就做不然就拉倒，不是別的時間，就是此時此刻。於是，你就這麼樣繼續走下去。

我還記得大概一年多前發生的事，那時的我細細品味著仇恨的滋味，要不是我當時作了一個艱難的決定，把它從嘴裡吐了出來，搞不好我現在都還在品嚐著它呢。讓我來告訴你發生了什麼事。

那是一個溫暖六月天的中午時份，我們居住的西拉馬德里小鎮裡，一個滿腔抱負、以維護小鎮秩序為己任的警察，在我家門口前粗暴地傷害了我的小兒子約翰。這位身材壯碩、生氣蓬勃、體重大概有兩百五十磅（114公斤）多的執法人員，用盡他滿身的氣力來對付我身材瘦小、體重可能只有一百四十磅（64公斤）上下的兒子。約翰根本不認識這名警員，而且他的肝功能也不好，所以任何的肢體接觸對他來說，都可能是致命的。不管怎樣，這名警察對約翰過分地動手動腳，後來竟然還指控約翰妨礙公務。

這項指控很快就被撤銷。

但我可沒那麼輕易就放下我的不快。我帶著怒氣，找上了市政府，試著說服警察局長申誡這名警員，我說：如果你願意這麼做，會有助於管控這些粗暴的警察。我甚至提出了一份針對攻擊行為的請願書，不但經過公證，上頭還簽了自己的名字。但是，我們這個和平小鎮上的警察局長，並不願意對付自己人。他說，他會研究一下這件事，但我完全不相信他。總之，這件事就這樣不了了之。

◆

我獨自跳了幾天的憤怒之舞後，這首憤怒藍調逐漸升級成了一波敲鑼打鼓的張狂怒火。不過，我把怒氣控制得非常好，沒有任何人的頭被我打爆，但是到最後，我只能消極地怨恨他，我變得沒精打采，而且心中壓根兒不希望西拉馬德里警局裡發生任何好事。

我的恨意幾乎快變成一種出於本能的癮頭，我就彷彿被仇恨的病毒感染，而且還傳染給任何接近我的人。而當我即將要在伯班克一間長老教會傳講關於上帝恩典的信息時，我的憤恨演變成為一場屬靈危機。

在那個星期天即將來臨前，我向一位好友吐露我的感受，滿心期待她的雌性怒火可以加進我的熊熊火焰中，和我一起來段憤怒之歌二重唱。

但她卻毫不留情地戳破我。

「你幹嘛不去實踐你講道的內容？」

我還真是被逮個正著。

那個當下，我得立刻下一個決定，在恨意成為我的生活習慣前，趕快把它踢出大門嗎？於是，我下了決心。我不要再恨了。

但到底該怎麼樣才能當場就做到呢？我用了一個非常不符合我個性的方法。我開始想像一個神父在告解室裡，毫不猶豫立刻寬恕來告解的人的那個畫面。我決定我也要像這樣寬恕那位警察。其實這完全不是我的風格，通常我比較喜歡用自己的步調，慢慢地處理我的屬靈危機。但反正我就姑且一試吧！

Slowly
花時間慢慢來

「米蘭度警官，現在，我奉上帝的名寬恕你！你的罪赦免了！平平安安的去吧！」我大聲地說出這些話，而且說了至少六遍。

好吧，我不知道這到底有沒有用，但至少，這段話我還能說個好幾遍。我覺得好像把內心的恨意撬起了幾吋。我想我應該已經走在寬恕他的半路上了。

我還沒真的完全寬恕他，但這是個開始。我認為下決心寬恕的關鍵就在於，我必須讓自己有所行動。

對有一些人來說，一個確切的決定就夠了。但對多數人來說，這只是漫長的寬恕之路的起點而已。

12.

With a Little Understanding

瞭 解
關 於 寬 恕 的 兩 三 事

　　瞭解一些事，能幫助你更容易原諒。當然，如果所有的事你都能明白，那你實在是不需要學習原諒了。不過，當你覺得真的很難原諒時，理解以下這兩三事就能成為你的幫助了。

　　當我們受傷時，受傷的痛楚會讓我們無法看清事實。對一個剛受傷的人來說，實際發生的事情遠比他所感受到的痛苦來得多，所以他得花一些時間才能看得清楚。然而，如果要清楚地明白到底發生了什麼事，那又得花上更多的時間。

　　有時候，雖然你還得徒手挖掘穿過一層厚厚的傷痛和怨懟，但藉著理解傷害你的那個人，他內心世界到底經歷了什麼事，仍舊能讓原諒這件事容易一些。

　　然而，你得小心，要知道你不可能理解所有的一切。那些傷害你的人，絕對不是非得傷害你不可，他們其實可以做出不一樣

的行動。就這點來說,你終究是深陷五里霧中,你可能永遠無法完全理解,為什麼他人任意地選擇作出這些壞事。

　　我這一生中最難原諒的人,就是布勞特梅爾太太了。我出生以前,我爸從一磚一瓦開始,親手建成我們家這棟小房子,而布勞特梅爾太太的房子有著黃色窗框,就在我們家對面。這位女士對我母親殘酷至極,令人難以置信,而這些關於她的回憶,折磨了我好多年。

　　我父母結婚後沒多久,就買了兩張三等艙的船位,一路從荷蘭最北的省份——菲士蘭省,出發啟程前往美國。五個孩子出生後,我父親在密西根州穆斯卡根的阿米提大道上,蓋了這幢屬於他的房子;然而,房子將近完工時,他就過世了。他去世的時候才剛滿三十三歲,人生正要開始。我是五個小孩中的老么。

媽媽從此成了寡婦，她沒什麼技能，又沒錢，只能靠著幫人打掃房子和清洗衣物賺錢，供五個小孩溫飽。更別提她使用的美泰克洗衣機是二手貨，每隔一個禮拜就會故障一次。

阿米提大道上每幢房子在靠外面街道的地方，都種有屬於自己的一株楓樹，這些楓樹很粗很壯並不好攀爬；但對於掛在屋子前廊天花板上的搖椅，卻是很好的遮蔭。我們家房子的方位正好和街道垂直，格局方正：客廳在正前方，廚房在正後方，飯廳就擠在兩者中間。如果你從廚房後門階梯那兒開一槍，子彈應該可以不射中任何東西，就這麼直直穿出前門。有時候，如果你調整好角度，還可以從屋子後門那兒一眼直接望進對街的房子裡。這兒的每間房子就這樣彼此對看，那些八角窗兩兩相望，就好像撲克牌玩家瞪視著彼此一樣。

我們家的房子正好和布勞特梅爾太太的房子面對面。解釋一下，布勞特梅爾家是我們家「比較高級」的版本。

之所以說比我們家高級，一部分原因是因為布勞特梅爾先生有份收入穩定的工作，所以布勞特梅爾太太可以不用上班，成天待在家裡確保孩子的鼻子都乾淨可人（在我們這一區，如果你媽從不允許你掛著鼻涕出門，那你就可以稱得上是個上等貨色）。不過，說到底，他們之所以比較高級，主要還是因為他們的口音聽起來像是一般的美國人。畢竟，他們是第二代移民，待在美國已經好一陣子，知道這裡的生活方式；更重要的是，他們也懂得說話的技巧。

仗著自己這種美國式優越感的布勞特梅爾太太，成為了我眼中的怪物。不只這樣，她的隔壁住了另一個怪物，他們兩個組成了社區中情局，密切注意我們家是否有什麼不法事情。布勞特梅爾太太和怪物

夥伴每天早上抽籤決定，由哪一個人負責在我媽結束一整天刷洗的工作回到家後，來跟我媽告狀她哪個小孩又有什麼不是。

還有一次，她們兩個決定一起過街，以兩人自認為思慮周到而且高人一等的想法，建議我媽應該把最小的兩個孩子——也就是我哥哥衛斯理和我送去孤兒院，因為顯然地，我媽既沒錢又沒那個腦袋知道怎麼教導我們適當合宜的舉止。我還記得有一次，布勞特梅爾太太對我下令，命令我不准過到對街去和她的孩子玩，我被發配到阿米提街北邊的邊疆去，就只因為我有著一個髒鼻子。事實上，對我們來說，布勞特梅爾一家總是這樣日以繼夜的監視我們。

布勞特梅爾太太和她的同夥，還把自己身為第二代美國人的優勢擴大到道德層面，用羞愧感使我母親筋疲力竭。她們讓我媽覺得，身為一個年輕喪偶、不得不獨自撫養一群幼子的女人家是件丟臉的事，而她竟還敢用那種帶著外國口音跟正宗的美國人說話，真是不知恥！

我的母親將羞愧感深深埋入那口盛滿憤怒的杯子中。在她靈魂深處，上帝賜給她的尊嚴沸騰攪動著，憤怒奔騰著。她就好像是個懷抱著憤怒之火的女神。

一個週六晚上，她拖著疲憊的身軀回到家，累積六個上班日的疲憊已到了極點，生活好像給了她最後一擊，而布勞特梅爾太太賞她其中一個小孩的那記耳光，則成為壓壞她的最後一根稻草。

那個時候，我們全家六個人正在廚房裡等著一鍋蠶豆燉好，我媽心裡的怒氣翻騰著，驅使她離開爐火，滿臉通紅，拳頭緊握，一路通過飯廳、客廳，然後走出前門。圍裙肩帶在她後方飄動著，媽媽氣呼

呼地大步走向對街，往布勞特梅爾家的前門門廊走去，準備迎戰怪物。
我看就連上帝都沒機會阻止她。

我們五個小孩擠在家裡的八角窗邊，從那兒一切一覽無遺。

她大力敲打著布勞特梅爾家的前門，布勞特梅爾太太才剛把門打
開一個小縫，她就把門推開，走進了怪獸的藏身處。她臉頰赤紅，眼
眶盈滿著淚水，一手指著布勞特梅爾太太吃驚的雙眼，史密德的遺孀
為了她摯愛的孩子，發動了一波瘋狂的抵抗。布勞特梅爾太太一路撤
退到飯廳圓橡木桌的另一頭，擺起了防禦陣勢，而她那隻藍色的荷蘭
茶壺就擺在桌子正中央。我的母親用拳頭敲擊著被布勞特梅爾太太當
成聖壇的橡木桌，代替她的孩子發表一段猛烈、深具啟發性的言論。
回想實在可惜，沒有任何紀錄留下。而布勞特梅爾太太則只是一個勁
地大聲嚷著要找警察來，說她被一個瘋女人攻擊的話。

「瘋了」這個字眼，似乎勾起了我母親的羞恥感。她真的瘋了嗎？
或許是吧！她自己也不知道。與其說她瘋了，不如說她是感到羞愧，
她心想，最好趕快離開這裡。於是她從前門走了出去。

我的母親低著頭，臉色慘白，回頭穿過阿米提大道，走進我家的
前門廊，進了客廳，穿過她那群擠在窗戶前的孩子，一語不發，也沒
看我們一眼，只是一直往前，穿過飯廳、廚房，進了房間，吐了起來。
吐完以後，她開始大哭。我不記得她是什麼時候從房間出來，或出來
後有沒有跟我們說什麼。

但我記得布勞特梅爾太太徹底毀了我們。我們的羞愧滿溢出來，

而且，從今以後，我們也別想在這附近交到任何朋友了。

從那天開始，我就一直痛恨著布勞特梅爾太太。我希望她的房子遭火災，她的小孩成績不及格，惹上一屁股麻煩。我希望他們全家都去死，我少年時期就在對她強烈的恨意中渡過。

我原諒她了嗎？

還沒有。因為我享受這種恨她的感覺太久了，但很久以前，我已開始漸漸痊癒，而這個過程還繼續著。

但是，假如我沒有試著瞭解她，我是絕對不可能寬恕她的。後來，我終於開始瞭解一些關於這些第二代移民的事。布勞特梅爾一家人是第二代移民，而第二代移民也有他們自己的問題，和那些比他們高級的版本——第三代移民，他們也是矮了一截。我可以想見，一個自視甚高、充滿野心的女人的確是會瞧不起我們，因為在我們身上，她其實是看到了自己。我們之於她，就像她之於那些「更高級」的人。我終於能看清，我們就好像是她的墊腳石，讓她可以自抬身價，和那些高她一個檔次的人平起平坐。簡單來說，我看到她軟弱、辛苦的一面；不同的是，她選擇以殘酷面對問題。

即使這樣，我還是不能什麼都明白。比如說，我就不懂布勞特梅爾太太怎麼可以這樣任意地對人殘酷。又不是有魔鬼指使她，或命運逼她不得不對我媽這麼壞。所以，就算我能明白她的一些處境，但對於她的殘酷，我仍舊不解。她任意去傷害一個好女人，一個亟需朋友的鄰居，而我恐怕無法全然明白這樣的選擇。

FORGIVE and FORGET
寬恕，是真的可以嗎？

　　瞭解你的仇敵，可以幫助你縮小他們的尺寸。當我們受到不公平的對待時，我們往往容易過度誇張地膨脹、邪惡化他們的樣子，他們的模樣彷彿成為兩倍大，力量和邪惡程度也翻了倍，壞到骨子裡。

　　此外，如同下面的故事，如果能多認識自己一點，也能幫助你寬恕。

　　有一個晚上，在晚間新聞結束後，蕾娜的先生班忽然脫口而出，他和一個年紀只有他一半的女士墜入情網，這段戀情已經維持了三年。而現在，他想要和她結婚。

　　什麼？三年？這三年來，蕾娜和他睡在一起，照顧他，替他擋掉煩人的公婆，為他盯著每天的行程，讓他可以準時上班；更不用說還幫他打點外貌，讓他身上的氣味怡人。結果，反而讓那個可惡的女人撿了便宜？而且還是三年！

蕾娜的優點正是毀了她的原因。她信任他，他卻背叛她；她給予，他卻偷取；她真誠以對，他卻謊話連篇；她忠誠，他卻不忠。她唯一犯的錯，就是付出自己純潔、盲目的愛。她的美德擺了自己一道。當然啦，任何一個明眼人都知道，她在這事上站得住腳，但她還是聘請了律師為她打離婚官司。但班那彷彿惡魔代言人的辯護律師，在質詢蕾娜時卻讓她吃足苦頭，不但扭曲蕾娜的證詞，使她陷於不利，更讓她看起來像是滿嘴獠牙的加害者，而班則是天真無邪的受害者。

辯護律師越極力想讓她看起來很糟糕，蕾娜心裡就越覺得自己沒有錯。

接下來的三年，她用盡力氣試著洗刷自己無私付出卻被班攻擊的種種回憶，她甚至尋求心理諮商，試圖找到能支持她心中恨意的觀點。但隨著她看自己的眼光改變，那原本是她苦澀樂趣的恨意卻漸漸消融。長話短說，蕾娜開始把自己看作一個失去光芒的天使。

欺騙她的其實不是班，而是她自己。其實她早就知道這一切，卻不敢承認，因為真相太傷人。她對明顯的證據視而不見，為自己的恐懼加上眼罩，不是因為她蠢，而是因為她太怯懦。面對真相的第一步，就是面對自己的欺瞞。

漸漸地她也發現，自己並不如原本以為的這麼犧牲奉獻。事實上，她想要的並不是班這個人，而是他所提供的安全感，她把一切賭在班的品德上。至於班呢，他向來就是個逆來順受的人，所以她只需要時刻提醒他當個好孩子，任她擺布。

◆

當蕾娜看清楚自己的真實面貌，好的一面和壞的一面，她就能為自己打開寬恕的一個小縫了。

自我認識幫助她將寬恕這個小奇蹟，縮小至她能處理的範圍。她發現自己開始能夠祝福班，也發現自己可以更自在、坦誠。

只要花上一些時間和一點洞察力，我們就能用比較謙卑的角度看待自己和傷害自己的人。我們其實並不如當初受傷時所認為的無辜；我們要寬恕的人通常也不是什麼巨大的怪物，而只是另一個脆弱、困乏，甚至可說是有點笨拙的人。

當你能看到傷害你的人和你之間都有著同樣的人性軟弱時，你就已經讓寬恕這個神蹟更容易發生一點了。

13.

In Confusion

在 疑 惑 中 摸 索

　　寬恕是智慧的高等藝術,大多數想駕馭它的人,看起來的確難免笨手笨腳。大部分時候,我們都是一邊帶著疑惑,一邊朝著寬恕前進。

　　這些疑惑不見得全然是我們的錯。畢竟我們處理的狀況常是一團混亂,而事情確切的發生經過又不盡清晰。誰對誰做了什麼?那些事情有多糟糕?

　　沒錯,每段衝突的核心都是某人傷害了另一個人;但在一個如此簡單、以受傷經驗為核心的痛楚上,卻纏繞著各種傷痛和恨意,幾乎難以被化解。

　　不只這樣,我們還被困在情緒的泥濘中動彈不得。要兩個彼此仇恨著的人解決傷痛,就像是要一個小孩計算國債般困難。我們常常只能在糾結的感受和對彼此的誤解中,摸索著寬恕之道。

FORGIVE and FORGET
寬恕，是真的可以嗎？

　　讓我來告訴你一則往事，雖然我在其中扮演主角，但實在是個有些傻氣的主角。從這個故事裡，我們可以一起看看，一個好人到底是怎樣在疑惑中跌跌撞撞地嘗試寬恕。

　　我曾經為了一份新工作而前往一個沒有任何朋友的陌生城市，也因為這樣，我覺得自己在那兒的前景實在有些堪慮。城裡的人我只認識兩個：泰德和朵琳，他們是我的舊識，但我實在希望他們能很快成為我在此地的朋友。畢竟，我需要朋友。

　　我們一抵達那裡，泰德和朵琳立刻提供了我和朵莉絲很多協助。當我去上班時，朵莉絲也在醫院裡，而孩子放學後需要一個去處。朵琳慷慨、暖意地提供了幫助。我以為，我們正在建立一段友誼。

　　接著，無聲無息卻火速地，朵琳砰地就把友誼之門關上了。友誼中止，溫暖終止！

　　我做了什麼嗎？我是不是冒犯了他們？於是我跑去找泰德。

　　「我是不是做了什麼事傷害了朵琳？」

　　「別問了，就這樣吧！」

　　可是我沒有辦法就這樣吧！我得要搞清楚發生了什麼，於是我成了一名強迫症患者。我不斷追問，但得到的只是相同的沉默。

　　我寫了一封信給朵琳，表達如果我傷害了她，那麼我很抱歉，請她原諒我。

然而，沒有回應。彷彿我不存在一般。

現在換我覺得受傷了，而這個感受很快就成為了一股恨意。我不再是那個做錯事、搖尾乞憐的病患；現在，我成了被傷害的受害者，朵琳對不起我。我承認這股酸溜溜的感覺嚐起來實在比懺悔來得好多了。

這樣的狀況確是令人費解。

我們兩個人，到底是誰需要原諒誰，又是誰需要被原諒？如果我們兩個人都需要寬恕和被寬恕，那又是誰欠的比較多？我們真的有可能把這些理清楚嗎？

寬恕這座山，只有不需計較得失代價去原諒別人的人才可攀爬；顯然地，我們兩個都不夠資格。

不過，寬恕的時刻還是出現了。或許它的樣子有些貧乏，也不這麼溫暖，但終究，它還是一滴一滴地從我們彼此的憎恨中流出，緩緩來臨。

朵琳和我，在三個階段的情緒轉換中，逐漸邁向寬恕。

第一個轉換，是我們縮小了賭注。在這段小爭執開始之初，我們雙方都對這微不足道的小事投入大量情緒，我們的自尊命懸一線，於是賭注越來越大，遠超過它原本真正的樣子。然而，愛的最佳夥伴——時間，給了我們一個淡化、減輕對方恨意的機會。

說到底，朵琳和我真的做了什麼罪大惡極的事嗎？其實根本就沒有。我們的感受和我們對彼此的冒犯根本不成比例。所以，我們讓雙方的過錯回歸到它們實際的規模；當我們放下對彼此的指控，痛楚便隨著憤怒一起消融了。

第二個轉換，是我們調整了對寬恕的期待。事實上，朵琳和我也不想再維持一段親密的友誼。我們只想從彼此身上得到最基本的善意和尊重。一旦我們理解，就算寬恕了對方，也不表示我們一定得維持親密好友或我先前想要的那種友誼關係，我們的憂慮、惱怒便如泉水般退回至溫暖的土地。寬恕看起來不再像個威脅，因此，讓我們寬恕彼此的同時，又無須有「之後必須視對方為好友」的壓力。如果我們能同處一室、坐在同一張餐桌旁，或參加同一場派對，不用感到尷尬，那也就夠了。

第三個轉換，是我們放棄了想要討回公道的念頭。我們不再為彼此計分：誰對誰做了什麼，或是誰傷了誰較深。我們學會為彼此留餘地，不再計較分數有沒有扯平，因為其實雙方都無力使它達到平衡。

完全的寬恕並非眨眼即得,而是點滴得來。在每一次不經意的相遇、每一個眼神,或是彼此的問候中,對彼此的感受也逐漸變得比較好了。我們可以說是在跌跌撞撞中寬恕了彼此。

我承認,就寬恕這門藝術而言,這並不是一場光彩絢麗的勝利。但醫治常是在雞毛蒜皮的小事中獲得,結局也不總是令人目眩神迷。對我們來說,所謂的勝利是我們終於可以一起參加同一場酒會,並且真誠地互祝聖誕快樂。有時候,小小的寬厚就足夠溫柔了。

就算不是寬恕遊戲界的大師,我們還是有能力寬恕。

14.

With Anger Left Over

憤怒，
寬恕的後遺症？

原諒了以後，憤怒的感受還會存在嗎？

事實上，常常是如此的，而且沒有解藥。

有些人認為，一旦他們原諒了傷害他們的人，心中就不會再感到憤怒。

我並不同意這樣的說法。我認為，憤怒和寬恕可以並存在一個人的心中。就算你仍然對他人錯待你而感到憤怒，也絕不表示你的寬恕失敗了。

期待區區一個寬恕就可以將所有憤怒的感受一筆勾銷，實在是不切實際！

◆

FORGIVE and FORGET
寬恕，是**真的可以**嗎？

憤怒是人類道德行為的驅策力。如果糟糕的事情發生，你卻不覺得憤怒；那麼，其實你是失去了人性中的一部分。

記住，你無法抹滅過去，你只能從過去帶來的傷痛中得到醫治。

當你被錯待時，那些發生在你身上的錯誤，成為生命中難以破滅的現實。而當你寬恕時，你是寬恕了帶來這個現實的人。但是，你仍舊沒有改變事實，也無法消除事實帶來的後果。逝去的仍舊逝去，受傷者常常也還是帶傷而行。邪惡本身，以及它對人造成的傷害，並不能如魔術般消失，而且還是會一直讓我們覺得憤怒。

不會有人忘記他父親是如何虐待孩童時期的自己；也不會有人忘記她的老闆在有關升遷的事上欺騙了自己。你也不會忘記曾經愛過的人，竟然佔自己便宜，當感情不如預期時就棄你於不顧。我敢說，耶穌肯定也沒有忘記那個叫做猶大的傢伙竟然出賣了祂；而猶太人大屠殺的倖存者，也絕不會忘記那些有如煉獄般的經歷。

當你想起事情發生的經過時，除了憤怒之外，你還想起什麼？

當回顧那些痛苦的時刻與年日時，你怎能不帶著一絲憤怒、痛楚，期盼那些事情從未發生過？或許有些人可以。但我認為你最好別期待自己可以安然地從這些可怕的回憶中逃脫。你可以生氣，而且你可以生氣卻不帶著恨意。

一旦你啟動這段寬恕的旅程，你會開始失去那股維持敵意的熱情。那些敵意只有在憤怒仍縈繞不去時，才會持續地存在。當寬恕開始釋放人的時候，曾經有如火把上吐舌白燄的恨意，也會開始漸漸熄滅。

憤怒，寬恕的後遺症？

一位男士慢慢地發現，他希望前妻能享受她美好的新婚姻；一位父親驚訝於自己竟然心心念念地希望叛逆的女兒，可以活得開心。即便我們被不公平且重重地傷害了，我們仍然也有著的人性，而願意祝福他們。

到底發生了什麼事？敵意漸漸消退，就好像吃了三顆阿斯匹靈後，你的頭痛終於漸漸停止敲打你的頭殼一樣。你的憤怒不再存有惡意，這就是你真的原諒他的記號。除去敵意的憤怒能帶來希望，而未被緩解的敵意則會一步步地使你窒息。憤怒可以鞭策你，讓你不再重蹈覆轍。敵意讓傷痛生生不息，長住於你的感受之中，憤怒則是推動著你朝一個更好的未來前進。

要如何善用憤怒帶來的動力，同時又能將敵意的毒液排出？有三件事情值得你一試。

首先，表達出你的敵意。要具體，直搗黃龍。讓敵意和成一團醜陋、流膿的傷口於事無補，將它丟給別人也一樣毫無用處。你需要的是找到一個可以和你談談，並且幫助你擺脫敵意的人，這個人可以是上帝，或是對你來說可以代表上帝的人。

接著，讓上帝處理那些傷害你的人，就算你痛恨他們至極，想親自料理他們。如果他們需要被教訓，那麼就讓上帝出手吧；如果他們的愚蠢需要有人對付，那就讓上帝對付吧；如果他們需要有人拯救他們的扭曲，上帝可以拯救他們。你需要做的，是從他們留在你生命中的傷口，以及他們帶來的敵意裡得到醫治。

最後，你甚至可以試為你恨的那個人能夠得著心靈平靜而禱告。

如果你為對方禱告，那你就能發現寬恕的另一個秘密：你需要的不是停止憤怒，而是放棄懷抱敵意，這是為著你自己的緣故。敵意是一個需要得著痊癒的痛苦；而憤怒則是需要獲得方向的能量。解決了敵意以後，就讓憤怒來重建吧！寬恕和憤怒其實可以是並肩作戰的好拍檔。

15.

A Little at a Time

一點一滴、
一步一腳印

一步登天式的寬恕，對任何人來說都難以承受。

不久以前，一個名叫亞瑟·弗蘭的人來找我，想知道要怎樣才能寬恕他的女兒——貝琪，她二十一歲，患上嚴重的憂鬱症已有兩年之久。

貝琪每一天都中午才起床，起床後，她就躺在客廳電視前的沙發上開始看連續劇，要不然就是看喜劇短片的重播，整整一天都是如此。期間，她大概會趁廣告的時候起身幾次，但也只是因為要去取零食。

這樣還不夠。貝琪不只脾氣暴躁，對於任何想接近她的人，也擺出充滿敵意的態度。當亞瑟表示想幫助她，或小心翼翼地暗示她是否該自救時，她總是如同一頭被迫到角落的花

豹，嘶聲咆哮以對。要是有人婉轉地建議她可以尋求心理治療的協助時，她便勃然大怒，認為這是她的家人在暗示她瘋了。

貝琪就這樣為自己裹上一層憤怒和怨懟的厚毯，而她的家人也無法倖免於難。

她需要幫助，很多幫助，而且越快越好。

亞瑟當然也需要幫助。貝琪這種殘酷的拒絕深深地傷害了他，她以噴射這些有毒物質來回報亞瑟付出的愛和照顧，身為父親，他的心頭纏繞著一條巨大的毒蛇。他覺得自己被背叛了，然而他又不可能報復自己的女兒。

為什麼他的女兒可以恨自己如此深？他又為什麼得跟那些功成名就、滿嘴吹噓著自己孩子的朋友解釋，自己女兒的人生裡沒有成就過任何一件值得誇耀的事？貝琪為什麼要對自己耍一個這麼殘酷的把戲？

這是誰的錯？亞瑟直覺地認為，是自己的錯。不知打哪兒來的想法，他深深覺得一定是自己有哪些地方做得不夠好才會這樣。但他強壓下這個感受，他才不要負這個責任。他對著自己嘶吼說：「我絕對不會擔負這個責任！」就這樣，每一天他都要對自己說上三十次這樣的話。

　　雖然話是這麼說，但亞瑟的確是在承擔這個責任，也因為這樣，他對貝琪產生了加倍的惱恨。要不是她，他就不會被這些罪惡感折磨；但另一部分的他又很清楚地知道，這根本不是自己的錯。

　　某一日，他聽到我談論到關於「寬恕是通往醫治的道路」，於是他揣想著，或許他在跌跌撞撞中，終找到了一個可以讓他疼痛不已的心快速痊癒的療法。

　　他想知道要怎樣才能寬恕貝琪。

　　「你要寬恕她什麼？」我問道。是要為她如此受苦而寬恕她嗎？還是要為她如此恨惡自己而寬恕她？或是寬恕她明知自己帶給你痛苦，所以日日夜夜折磨自己的這些行為？你是想為她是憂鬱症患者這件事寬恕她嗎？

　　「貝琪沒有成為你期待中那種典型的年輕女生，所以你無法向你那些有成就的朋友吹噓，她讓你失望了，所以你非得原諒她不可？」

　　亞瑟呆住了。這就好像他找了醫生看病，但醫生卻反而攻擊他一樣。但我的確是針對他而來，我在他身上看到很多自己的影子，他可騙不了我。

　　亞瑟想要把寬恕當成一種快速、廉價的痛苦特效藥，然而這並不是對症下藥，當別人不能像我們期待般回應我們時，所產生的那種自戀型憎惡感，並不是寬恕能夠解決的。沒有人能夠為著別人天生的習性而原諒他，寬恕才不是為了這種不公平的動機所用。

◆

亞瑟或許能夠原諒貝琪在他提議帶她去看治療師時詛咒他，或許也能夠原諒她在前一天晚餐時說恨他。事實上，他可以為著貝琪所作的任何具體事情，包括那些讓他生不如死的事而寬恕她。

但他卻不能因為貝琪是憂鬱症患者而原諒她。

當我們因為別人成為我們生命中的負擔，或因為別人沒有成為我們希望他們成為的樣子而想寬恕他們，這其實已經超越了寬恕的負荷。有別的東西可以用來處理這些交織在我們生命中的悲劇，比如說，勇氣、同理心、耐心和盼望。上帝知道這並不是件容易的事。

但我確信，如果我鼓勵亞瑟，並且告訴他，他應該而且可以為著女兒生而如此寬恕她，事實上我完全不是在幫他。很顯然地，貝琪成為他自編自導、以自我為中心的這齣悲劇裡，那令人悲傷卻又吸取他全副注意力的中心。

我相信，寬恕有其自然律，當我們要因為別人的本相而寬恕他們時，它便會向我們索取代價。理由顯而易見：當我們試著因為別人的本相而原諒他們，這不但註定失敗，憎惡感更會不斷疊加。我們因為無法原諒而怪罪於他人，甚至還覺得他們對不起我們。

不只這樣，最後我們的自憐和羞愧會更甚以往，因為，現在的罪名還要多加上「無法寬恕人」這一條。痛苦滋生出更多痛苦來，成了看不見的腫瘤。

　　總結來說，我的意思是，能夠帶來醫治的寬恕聚焦於他人的行為，而非他們的本質。對大部分的人來說，寬恕這門藝術是得一步一步學習的。

　　對普通如你我的一般人來說，一小步一小步，並藉著一點一滴的實際行動，是最能夠幫助我們去寬恕他人的方法；大張旗鼓地擺姿態，通常只會讓人深陷泥淖，而且，一步登天式的寬恕通常都是假的。只要能原諒，就是一個神蹟；但開出一張寬恕的空白支票，實在愚蠢至極。除了上帝，沒人辦得到。

　　所以對區區人類如你我來說，在寬恕這場遊戲裡的第一條規則，就是牢牢記住：我們不是神。

16.

Freely, or Not at All

出於自願
還是被迫？

　　當我們回溯過往，找到曾經傷害我們的人，並且寬恕他們時，我們便會經歷最大的自由。

　　沒有人應該被迫去寬恕人，你也不應該因著盲目的本能去原諒；也不會有人因著責任感驅使而寬恕。當我們真誠地寬恕了虧負我們的人時，我們便讓自己跨越責任的召喚和本能的驅策，進入充滿盎然生機的自由裡。

　　想像一下，父母纏擾著女兒，要她原諒他們偷看她日記，以及四處散播日記私密內容的弟弟，是多麼愚蠢的一件事；又或者，一個牧師以神會審判不寬恕別人的人，要求會眾寬恕他人，這又是多麼徒勞無功的事！

　　不斷嘮叨的父母和哄騙人的牧師所採用的策略，顯然都毫無用處。把寬恕當成操弄人的工具，只會把事情弄得更糟而已。但是，很多人卻樂此不疲。

操弄寬恕的人大概有三種類型：

見獵心喜式的寬恕者，在眨眼之間就可以發射寬恕光波。每次只要有任何人造成他們一點輕微、些許的不便，他們就對這人施行一種過度寬大的寬恕。他們以懲罰性的寬宏大量去寬恕這個人。

如果你和喬約好了時間，卻遲到了半小時，他會在你還來不及解釋你遲到的原因，是因為正要出門時接到越洋電話前，就寬大為懷地寬恕了你。如果你忘記了法蘭的生日，她則會以一種法官宣判死刑的姿態寬恕你。

見獵心喜式的寬恕者寬恕人的方式，就好像一個看到對手眼睛一眨，就立刻揮出左拳的老練拳擊手。

這種一視同仁式的寬恕實在令人措手不及，你可能正想要說：「可是我不需要因為這件事被原諒啊！我作的事情沒有嚴重到需要

你這種暗藏罪名的寬恕。」但是，你卻被困住了。因為見獵心喜式的寬恕者必須掌控一切的事情，他們藉由寬恕來震懾他人。

第二種，則是跟蹤狂式的寬恕者，他們四處嗅聞罪惡的氣息，然後尾隨、跟蹤，像一隻正尋找野兔蹤跡的獵犬。這些以寬恕為目標的獵犬亟欲找到行兇者，為他們貼上犯錯者的標籤，然後以寬恕為鞭抽打他們。

史丹‧黑克利就是這種人。史丹是辦公室主管，對他來說，保持各種紀錄的正確性至關重要。他在充滿恐懼陰影的幽谷中行走，深怕樓上的某人發現他的辦公室裡出現任何和電腦相關的錯誤。他的辦公室裡有十個下屬，這些人每天至少一次把資料輸入電腦。他無法控制這些人輸入什麼，有可能某個人犯了些錯。而當錯誤發生時，史丹經理就會搖身一變成了跟蹤狂史丹。他開始鬼鬼祟祟地進行狩獵活動，刺探線索，揭發犯罪者。

史丹喜歡這種張力，這些充滿淚水和咬牙切齒的臉孔。當然，他最後總是會寬大為懷地原諒他們。可是，他的寬恕背後卻是評判和羞愧。每次當他宣布寬恕，拍拍屁股一走了之後，卻留下環繞盤旋在辦公室裡的憎惡感，它們就像被吊扇不斷吹拂，徘徊難消的夏日暑氣一樣。

而第三種，則是騙徒式的寬恕者，他們算計著別人，讓他們做出需要被原諒的事情。這些騙徒寬恕者設下陷阱，然後寬恕他們，接著讓這些受害者繼續回頭去做一模一樣的事情，於是他們又再度需要獲得寬恕。

艾爾瑪・瓦考特就是這種人。她原諒她先生克林特至少已經有上千次了吧！每一次她的原諒，都好像是再為他挖了一個一呎（三十公分）深的坑，然後把他再鏟進去。

克林特是個酒鬼，他大多在艾爾瑪看不見的午後時份喝酒。喝得醉醺醺以後，他會回到家，一邊咕噥著，一邊砰地躺在沙發上開始睡覺，就這樣一路睡掉大半個晚上。

不過，如果是週末，他喝酒的時間就更早了，通常大概在星期六的下午五點開始，而隨著爭吵漸漸升溫，他就會開始對艾爾瑪動起手腳。隔天，也就是星期天的早晨，當他酒醒了之後，卻什麼都不記得。但是，艾爾瑪可是記得清清楚楚。

就像一個精疲力竭的神父，在星期天早晨朗誦著滾瓜爛熟的祈禱文，艾爾瑪熟練地展開回擊，她對克林特厲聲咆哮著他過往所說的那些破事，她要確保他知道，他毫無疑問是比蟲子還不如。然後，就像電視節目結尾必然會出現的那些廣告一般，她會原諒他。她總是會寬恕。她「原諒」的方式，就像打字員在每一行字到盡頭時，砰地把打字機上的滾筒推回另一頭一樣。

艾爾瑪每原諒克林特一次，克林特就又被提醒一次自己是一隻多麼糟糕、微不足道的蟲子。他能怎麼辦？於是他只好懲罰自己作為回應。

一個酒鬼還能怎麼折磨自己？就是再去作那些會導致他喝得爛醉的事情。於是，他又會受到艾爾瑪的重擊、折磨，反正都是自作自受。然後，他又會再次獲得原諒。

◆

艾爾瑪的寬恕裡充滿著輕蔑與鄙視，她的寬恕就像一個牢籠，關押著她酩酊大醉的老公，她就是想要他待在籠子裡。這是把寬恕當成操弄工具的人會作的事。

如果想要讓人能夠得到自由，寬恕就必須要白白給出，那是一個不求回報的愛的行動，不是一種供人玩弄的錯誤權力。強迫式的寬恕對任何人來說，都只是雪上加霜。

白白的寬恕其中一個重要的元素，就是你得尊重被原諒的那個人。這個人是奇妙受造的個體，你不是在寬恕寵物狗，或是你的電腦；你寬恕的對象，是一個最美好、叫做「人」的存在。就實際層面來說，尊重意味著你容許那個受你寬恕的人，可以自由使用你給予的原諒。

只有當你給予別人自由——讓他可以選擇去作你完全不希望他作的事情時，你才能自由地寬恕。如果沒有這份自由的禮物，那麼寬恕只不過是一種操弄的手段而已。

如果你試著操控別人走進你羅織安排好的快樂結局裡，你就不是白白地寬恕人，甚至，這根本不能稱得上是原諒了。

只有當你給予他人足夠的尊重，讓他們能為自己如何使用你的寬恕負責，你的寬恕才是真實無偽。這是寬恕這場遊戲中一個不得不冒的風險。

不管怎樣，不求回報的行動總是帶著風險。而寬恕，更是所有自由裡風險最高的。但是若非如此，我們找不著真誠的寬恕。

17.

With a Fundamental Feeling

寬恕是
最根本的感受

露斯試著寬恕她母親好多年了，天曉得這怎麼會這麼難。她很早以前就知道，媽媽根本就不想要這個女兒。她也想不起來媽媽什麼時候曾把她抱在懷裡。就她所知，她從沒被擁抱過，也沒被媽媽帶著上床或被媽媽親吻過。不過，她倒是記得曾經遞給她許多昂貴玩具的那雙冷漠雙手。

當她八歲時，她父母的感情出了問題，母親不想再繼續維持這段婚姻關係。但是，那時候露斯已經出生了，如果他們離婚了，小露斯又該何去何從？所以，為了這個她根本不想要的孩子，她只好繼續和這個已經沒有感情的男人維持婚姻關係。只是，她也因此越來越憎恨露斯，覺得她是耽誤自己人生兩次——一次是她的出生，另一次是害她離不了婚的拖油瓶。

露斯也痛恨這個不但沒給她任何親情，還把她當敵人看待的母親。她就這樣一直憎恨著自己的母親良久。幾年下來，她的怨恨像是一頭在心底嚎叫的獵犬。她多麼希望媽媽死掉，自己失憶算了，但她心裡有數，自己的怨恨絕對會活得比母親還久！

露斯的怨恨可不是到此為止，心中的恨意彷彿生出鈎子勾住了她。在她心中最深處，她總覺得母親對自己的看法是對的，她本來就不值得被愛。所以，她有多麼痛恨自己的母親，就有多麼痛恨自己。

露斯該怎麼掙脫這團層層編織、纏繞，既捆鎖住自己，又讓她和母親彼此疏離的恨意？

我認為，除非露斯能先感受到自己被寬恕，否則她絕對不可能原諒自己或是她的母親。她需要先面對自己的痛苦，然後才能面對她的母親。只有當她覺得自己被完全地、毫無條件地寬恕時，她才能夠擁有原諒自己的自由。而在這之後，她才能找到寬恕母親的自由。

怎樣是感覺到被寬恕呢？

在那些讓我們感到開心的感受裡，「感到被寬恕」是其中必要的組成。

試著想想一些令你開心的感覺，然後將之和被原諒的感覺比比看。想想看，當你不斷嘗試完成一件事，最後終於達成時的感覺，「我做到了！我做到了！」那種春風得意的感受。想想看和心愛的人魚水交歡的感覺，或者是在迷路許久，油也快用完的時候，終於看到一個熟悉的地標，那種如釋重負的感覺。這些都是令人歡雀的感受，但都不是最根本的感受。它們不會破壞我們的喜樂。

但那些最根本的感受卻能讓一切都不同。

覺得被寬恕的感受，就存放在你整個人存在的最底層，其他的感受也都在那兒。被寬恕的感受，是一種覺得完全被接納的感受，它被存放在最深刻的自我裡；那也是一種你深深知道，不管做了什麼糟糕的事，它都不會被奪走的感覺。你覺得確信不疑，而且完全被愛、被接受。你的整個人都能夠安穩放鬆，因為你知道，即便你好事做得不夠多，根本沒資格待在那兒，但是沒有人能將你和這個愛的源頭分隔開來。你知道現在沒有任何事可以傷得了你。

你只能等待這種極重要、極根本的感受降臨在你身上。當你敞開心胸的時候，它就來到。你無法憑空創造，你只能接受。

然而，你也可以向它緊閉。怎麼作？

可以確定的是，當你過度擔憂自己是否一個屬靈成功人士時，你就會和這最根本的感受擦身而過。

　　我們都很想要位居一個光鮮亮麗的位置，我們喜歡和那些有成就、並且對自己成功飄飄然的幸運兒待在一塊。我們想要抬頭挺胸，大步向前，享受這種得來不易的自我價值感。當然啊，為何不？

　　但是，有時候我們需要更誠實地看待自己。

　　我們有時候會讓自己的感受深入生命中比較黑暗的區域，在那裡，我們看起來既醜陋又污穢。然而，我們本來就是混合體，有陰影，也有光亮；有軟弱，也能剛強；有時污穢，有時潔淨；恨有時，愛也有時。這些特質都同時存在我們裡面。承認我們裡頭有好壞並存的本質，就能幫助我們找到「感到被寬恕」的這個根本感受。

　　對屬靈成功過於偏執，可能會讓你在探索、尋找這最根本感受時，走進既愚蠢又錯誤的遠路。我認識一位男士，他實在太想要當好人了，以至於他根本無法正視自己的錯誤。他常咕噥說自己是最卑微、渺小的罪人，而這也正是他用以獲取其他人不斷向他保證，他擁有難得一見的高尚德行。但是，如果他的老婆向他抱怨說，你又忘了倒垃圾時，他卻化身如刑事律師般來為自己辯護。

　　為什麼會這樣？理由很簡單：他對於屬靈成功的熱切，根本不允許他犯下任何錯誤。他需要成為一個無可救藥的好人，只要想到自己有一丁點兒的不好，光這樣的念頭就會把他嚇得要死。也因為這樣，他錯失了感受到被寬恕，這最根本感受的機會。

來說說我自己好了。當我非常焦慮於自己有多少價值時，我就會成為「自尊」這位國王劍拔弩張的守衛。如果有人膽敢攻擊我的自尊，就不惜傾盡一切為己一戰。我在戰鬥位置，預備攻擊，既繃緊、兇暴，又如驚弓之鳥。

我不容許自己接受「我需要獲得寬恕」這個念頭。

但在一些糟糕的時刻，也就是當我知道捍衛自己的品德卻無法助我獲勝時，那種覺得需要被寬恕的感受就湧現出來；同時自由、喜樂、充滿盼望的感受也一起出現。我有可以寬恕的自由了！而這個能力是來自於最根本的自由──「被寬恕」。

有一個我喜歡的故事，是關於彭柯麗自己的經歷，從中我們可以發掘該如何獲得寬恕他人的自由。在盟軍佔領德國幾天後，彭柯麗從一個納粹集中營獲釋。然而，她得花上更多時間，才能從滾滾如水的恨意中得著釋放。但她還是從痛苦的記憶裡邁出一步，開始踏上這條寬恕之路，她不斷地前進，直到有天，她終於抵達終點，她甚至能夠寬恕在集中營裡剝奪她人性的那些納粹士兵們。

也就是在寬恕中，她相信自己找到了能使歐洲人民從這段傷痛與怨恨的歷史中得到醫治的唯一力量。所以，她四處演講，不斷宣揚寬恕是可能的。她的足跡遍及荷蘭、法國，然後終於有一天，她來到了德國。某一個星期天，她在慕尼黑對著這群極須獲得寬恕的德國人，傳講關於寬恕的信息。

FORGIVE and FORGET
寬恕，是真的可以嗎？

聚會結束後，在會場外頭，一齣關於人性的大戲卻正要上演。有一個男人走向彭柯麗，伸出手來，希望能和她握手。「是的，彭柯麗女士，我很高興耶穌寬恕了我們所有的罪，就如同你所說的一樣。」

彭柯麗一眼就認出他來了。她想起自己和其他女囚犯們被迫去洗澡的時候，這個禽獸就在旁邊嘲弄著她們，彷彿自己是「超人」，他睥睨看守這些裸著身子的女人。彭柯麗記得一清二楚。這個男人把手伸得更靠近她。然而，彭柯麗的手卻像是結冰了一樣，放在身旁，舉不起來。

她沒有辦法原諒。她震懾、驚恐於自己的軟弱。她曾經如此確定自己已經戰勝心底深處的傷痛，並那些極度的憎恨，她以為自己終於寬恕這一切，但是眼前卻出現這個她無法寬恕的男人，她能夠怎麼辦？

於是她向神禱告。「耶穌，我沒有辦法寬恕這個人，請祢寬恕我。」隨即，一股她沒有預備好迎接的感受翩然而至，她覺得耶穌原諒了她。耶穌原諒了她的不寬恕。

在那一刻，這股最根本的感受帶來了能力，讓她把手舉了起來，握住她敵人的手，這個男人也如釋重負。在彭柯麗的心裡，她將這個男人和自己，都從這段可怕的過往中釋放出來。

感受到自己被寬恕，和擁有寬恕別人的能力，這兩者之間確實有所關聯，而這也是一切其他事物之鑰。

我要回頭再來說說我的朋友，露斯。她很有恩賜，但卻因為無法寬恕自己的母親而倍受折磨。露斯無法寬恕自己的母親，是因為她也不覺得自己被寬恕。

With a Fundamental Feeling
寬恕是最根本的感受

　　她若需要擁有寬恕的自由，那麼她自己必須先擁有這個自由並個人的感受，這個自由是來自於她知道自己可以不受任何人，不論是自己、上帝，或是其他人的譴責。這最根本的感受裡面，沒有仇恨滋長的餘地。而當我們經歷這最根本的感受時，恨意會自然地消滅；而當憎恨消亡時，我們便擁有了寬恕的自由。

　　還記得第一章提到的羅傑・西渥嗎？他死於一場車禍，而肇事者卻逃之夭夭。

　　羅傑的母親──菲莉絲把一部分的痛苦傾訴於日記中，她才能在等待殺害兒子的兇手終有一天被法庭審訊的日子裡，撐過心中那股燃燒著的憤怒之火。她讓我閱讀這本日記，並且同意我分享其中的內容。

　　日記一開始，她寫到自己的悲痛和怨恨。

　　「我不知道我有什麼感覺。我還是很生氣，我很生氣查瑞德嗑了藥……我想要他也被傷害。他罪有應得，我想要他感受到跟我們一樣的痛苦。我希望他睡不好，而且一直做噩夢……上帝，我不想要原諒他……」

　　然而，菲莉絲是非常屬靈的人，她感受到恨的同時，她也感受到心裡面的另一種需要。受到這股需要驅動，她就近了這個根本的感受。

　　「我們真是個很愚蠢的孩子……我們一直跑開……但祢卻伸出手來……祢說，我原諒你。」

　　現在，她宣告出來。

　　「我……接受……接受祢的原諒，當祢的兒子為我們死的那一天

開始，就一直為我們預備這份原諒。」

但是，她還是掙扎了好一陣子。

「我可以這樣就原諒他了嗎？不，我不能……上帝幫助我。幫助我……説出……」她沒有辦法把話說完，也沒辦法寫下「我原諒了」這句話。

充滿淚水和憤怒的幾個月過去了。那生命中最為根本的感受帶給她力量，她的掙扎結束了。

「我原諒席德‧查瑞德。」

而她真的做到了。

我不知道菲莉絲的這個舉動是否觸動了席德的生命，我也不知道是否終有一天他會原諒自己。但我知道，當她寬恕那個害死她兒子的人時，她就已經走在痊癒的旅程上了。或許還是得重來許多次，但她正在半路上。

Why
Forgive?

寬恕的理由

PART 4

如果要不寬恕那些傷害我們的人，那可是有說也說不完的理由。其他人怎麼可以這樣橫衝直撞闖入我們的生命裡然後又離開，留下渾身是血的我們，然後還期待我們寬恕他們，彷彿這一切都沒有發生？

寬恕是跟以牙還牙、以眼還眼這個自然道德法則大相逕庭的事，蕭伯納（George Bernard Shaw）稱之為「乞丐的避難所」。而任何一個宣揚寬恕之美的人都應該要知道，鼓吹別人寬恕，其實是和正常人渴望一報還一報完全相反的事情。

我們必須正面迎擊懷疑論者的猜疑，他們認為寬恕只是一種誘惑受傷之人巧妙的宗教手段，要他們忍受本不該承受的傷痛。

別忘了，我們可是在說要去寬恕那些讓我們難以承受的事情。這個跟寬恕在人類社會中闖蕩難免會受到的那些小擦傷，可是兩碼子事。

我們可是要寬恕那些錯待我們、不公平且深深傷害我們的人，他們甚至讓我們覺得自己卑微得一點都不像是上帝根據祂的形象所創造的人。

　　這些反對我們一視同仁去原諒傷害我們的人，他們發出的聲音和呼籲，是我們必須去正視和聆聽的。

　　如果我們仔細地聆聽這些聲音，就會發現，我們內心也有一個聲音，和它們彼此和應。

　　一顆誠實的心會對於輕忽處理不公平傷痛的態度大發雷霆，如果寬恕只是再次讓受傷者赤露敞開，並且鼓勵做錯事的人一錯再錯的話，那它寧可不要去原諒。

　　所以我們該問的問題是：為什麼要原諒？

而我們應該這麼回答：因為原諒是在這個不公平的世界中，找到一個比較好的公平之道的唯一途徑，原諒是用愛推翻不公之痛的神來一筆，愛也帶來了盼望，讓我們可以從這極不公平的痛苦感受中得到痊癒。

　　接著，讓我們繼續向前，你也可以用你的心去感受、評斷，看看到底原諒能夠帶來多少公平。

18.

Forgiving Makes Life Fairer

生命因此
更加公平

　　夏洛克（Shylock）有理嗎？所有正義人士都知道，這傢伙是最不願意寬恕別人的經典範本。但有哪個人是從夏洛克的角度看事情？

　　夏洛克是莎士比亞《威尼斯商人》一書中的角色，他在書中沒來由的被人欺負。聽聽他的抱怨，他說：

> 安東尼歐不給我面子。
> 我損失時，他嘲笑我；
> 我得到好處時，他譏笑我，
> 嘲弄我是猶太人，阻撓我做生意，
> 對我的朋友，他冷酷無情；
> 對我的敵人，他火上加油。

　　這是為了什麼？安東尼歐（Antonio）為什麼要這樣給他難看？夏洛克做了什麼對不起他的事嗎？他們有扯平嗎？不，安東尼歐這樣做，只是因為他討厭猶太人；夏洛克遭受此等對待，只因為他生而為猶太人。

◆

223

那又為什麼夏洛克得原諒安東尼歐，好像什麼都沒發生一樣？他從沒有希望這樣的事情發生在自己身上。後來，安東尼歐和夏洛克談妥了一筆交易。讓做錯事的人自己償債，就如同他答應的，讓他奉上一磅（約 454 公克）的肉吧！

夏洛克對公平的想法太單純，以至於他的聰明才智被蒙蔽。安東尼歐不需要是一個天才也可以佔上風：他提議，從自己身上割給夏洛克剛好一磅的肉，不能多也不會少，而且是一塊完全不帶血的肉。於是，這個外族人贏了這場遊戲。但我們的問題並不在於夏洛克聰明與否，而是，這是合理的嗎？

我之所以舉這個例子，是因為我想點出原諒是否公平這個問題。西蒙・維森塔爾（Simon Wiesenthal）講了另一個不容我們錯過的故事，這個故事是他在集中營裡所經歷的一場寬恕危機。他再次詰問，寬恕真的公平嗎？維森塔爾和一心想復仇、狠狠咬住那一磅敵人的肉的夏洛克恰恰相反，他是個建築師，人格正直，然而不幸地被納粹爪牙抓住，除了想逃過種族屠殺這場大劫之外，他對其他事情一無所求。

維森塔爾被關在波蘭的一個集中營裡，有天下午，他被指派去清理野戰醫院的垃圾，醫院裡塞滿了從東部戰線後送回來的德軍傷兵。突然，有個護士過來拽住他的手臂，要維森塔爾跟著她走。他們走上階梯，穿過一整排傷口發臭的傷兵，最後來到一張病床旁，床上躺著一名垂死的年輕士兵，頭上還捆紮著被膿液染黃的繃帶。這個年輕的黨衛軍士兵可能只有二十二歲左右。

他說他的名字叫做卡爾，一邊伸出手來抓住維森塔爾的手，彷彿深怕維森塔爾會跑不見一樣。他說，自己一定得找一個猶太人坦承他

做過的壞事,並且獲得原諒,否則他沒有辦法安心離世。

他做了什麼呢?先前,他曾在俄國的一個小村莊作戰,幾百名猶太人被德軍團團包圍。上級命令他的部隊在一些房子裡放置裝滿油的油桶。接著,他們命令兩百名猶太人走進房子裡,屋子裡塞滿了人,幾乎寸步難行。然後,他們從窗戶外頭丟了幾顆手榴彈進去,房子瞬間被火海吞噬。上級命令,如果有人想從窗戶逃出,一律開槍,格殺勿論。

年輕的卡爾回憶著,「我看到二樓窗戶後面有一個男人,懷中還抱著一個小孩,他的衣服已經著了火。站在他旁邊的女人,應該就是他太太。那個男人用空著的手捂住孩子的眼睛,然後一躍而下。接著,他太太也跳了出來。我們開槍射殺他們,老天哪,我永遠忘不掉這個畫面,它一直折磨我。」

年輕人停了一下,接著繼續說:「我知道要你聽這些很殘忍。但我一直想找一個猶太人,把這一切全盤托出,然後得到他的原諒。我明白這個要求很過分,但你若不寬恕我,我無法得到安寧。」

一陣沉默。太陽在外頭高高掛著,上帝應該在某個地方吧!但這裡的兩個陌生人面面相覷,陷入了寬恕的難題之中。身為優秀種族的加害者,苦苦尋求這個被認為是低劣種族的受害者原諒。

維森塔爾說道:「我站在那,看著他和他交疊著的雙手。最後,我終於下了決定,我一句話都沒說,就離開了房間。」那名德國士兵沒有得到寬恕就死了。

◆

維森塔爾後來被救出，但他一直無法忘記那個黨衛軍士兵。他是不是該寬恕他呢？好長一段時間中，他不斷被這個問題困擾。他在自己的著作《向日葵》裡向每一個讀者提出了這個令人不安的問題：「如果是你，你會怎麼做？」

我不知道我該怎麼做。我從來就沒辦法知道，要是我經歷別人所經歷的事，我會有什麼反應。我只希望維森塔爾的故事能迫使我們去思考這件事：當我們要求別人，甚至是我們自己去原諒他人時，這是一個多麼困難的事。

要維森塔爾去原諒到底是對，還是錯？

有三十二個人寫了信，告訴維森塔爾他們的答案。其中有一個人也曾經待過集中營，他名叫約瑟克（Josek），他告訴維森塔爾說：

「你無權以別人的名義去寬恕。因為受害者並沒有授權你這麼做。如果那人傷害的是你，而你願意，那你當然可以原諒他，然後遺忘這一切。那是你自己的事。但如果受苦的是別人，卻是由你來原諒，那這就是個滔天大罪。」

原諒是滔天大罪？為什麼？因為除了被害者，沒有人能寬恕加害者，使他的良心獲得解脫。

不過我們也別讓維森塔爾的決定阻止我們繼續探討下去，究竟，原諒對維森塔爾和那個士兵來說，是不是公平的？

有一些作家針對這件事得出結論，他們認為，那個黨衛軍士兵根本不值得被寬恕。猶太哲學家馬庫色（Herbert Marcuse）說出多數人的疑惑：

「一個人不能，也不該肆意地殺害、折磨別人，然後到頭來輕易地出口要求並接受他人的寬恕。」

但若要說到不原諒的理由，沒有人的看法比小說家奧茲克（Cynthia Ozick）更精闢了：

「我們常以為，復仇是殘酷的，而寬恕卻是高尚的行動。但反之可能亦然。猶太拉比有言道：『對殘酷之人仁慈，最後卻可能導致對無辜之人冷漠。寬恕可能是很殘忍的⋯⋯寬恕的臉孔看似慈祥，但對被屠殺的人來說，卻可能是張看似麻木不仁的臉孔⋯⋯那個黨衛軍人活該不得寬恕就死去。讓他去地獄剛好。』」

他憑什麼能夠安然地死去？憑什麼因為一個猶太人說原諒他，他就能夠脫罪？為什麼讓隨便一個人平白無故地寬恕他，彷彿他從沒有扣下板機？他不得原諒難道不是罪有應得嗎？

而且，這對維森塔爾來說公平嗎？他是個品德良好的人，卻遭受如此殘酷的對待，被關在集中營裡和其他人一起等死。納粹奪走了他的一切，他的親友中有八十九人受害。然後，在這個不期而至的時刻，一個納粹軍人的命運卻交在他手上。何不用他沉默的輕蔑，對這個優秀種族揮上一刀？如果他對這個德國人說出溫柔的寬恕之語，豈不是也對他自己非常不公平嗎？

◆

而還有些人，他們不需要聽到維森塔爾的故事，也知道寬恕本來就不公平。他們心裡有數，他們的靈魂中燒著小小的憤怒火焰。

拿珍‧赫拉夫斯哈普（Jane Graafschap）為例好了。她和先生雷夫（Ralph）好不容易才把孩子帶大，陪他們撐過青春期的瘋狂，終於孩子都開始離家了。珍心裡很慶幸他們終於可以展翅高飛，她可以開始享受自己的生活，找回自己的節奏，為自己作些什麼。

但就在此時，卻發生一樁悲劇，破壞了她的計畫。雷夫的弟弟和弟媳在一場車禍中喪生，身後留下三個年幼的孩子，分別只有十二、十和八歲。雷夫覺得自己有責任領養這三個年幼的孩子；而珍也心生憐憫，雖然她也可能是因為過於筋疲力竭，而無法表達自己的反對，她始終分辨自己的感受。總之，他們收留了這三個孩子，不是一個月兩個月，而是好一段時間。雷夫的生活一如往昔，總是飛來飛去出差、談生意，常常不在家。九年過去了。兩個年紀大的孩子也離家了，只剩最小的孩子還和他們住一起，他現在也已經十七歲了。再不出幾年，珍和雷夫就可以自由了。

然而，事情真的會這麼順利嗎？這幾年下來，珍的身材開始有些發福，而雷夫的秘書蘇，則是個可人兒，而且她可懂得雷夫身為男人的種種需求。他怎麼可能不愛上她？他們兩個人都覺得這份愛真實到他們無法棄之不顧，愛的力量又是如此強大，讓兩人難以抗拒。於是，雷夫和珍離了婚，改投蘇的懷抱，和她結婚。

　　這兩個人沉浸在愛情中，而且樂於將喜悅四處分享，教會也一同慶祝他們的新婚。教會界的認同，讓他們兩人飄飄然。但是，雷夫顯然不夠滿意，他還想要錦上添花獲得珍的祝福。他打電話給珍，希望她能祝福他們，並且替他高興，因為他終於獲得了幸福。雷夫說：「我希望你能祝福我。」

　　珍回答：「我希望你下地獄。」他竟敢要她原諒！要她丟棄手上的唯一權力？心裡的恨一直給她力量，輕蔑則成了她的動力，是她的能量、尊嚴和自尊。要她原諒是不公平的。這個卑鄙小人應該要被千刀萬剮。

　　當我們敦促人要寬恕時，是否是讓他們受到二度傷害？別人的錯誤讓他們受到第一次傷害，背叛將他們狠狠撕裂，留他們在冰冷之中。現在，他們又該承受第二度傷害，把這些羞辱大口吞下嗎？他們已深受這些傷痛之苦，是否真的有必要寬恕那些傷害他們的人？

　　我們得先反覆咀嚼一下寬恕的公平性，否則在那之前，可別輕易向維森塔爾或珍說出「你一定得寬恕」這種大道理。如果在「過錯被承認，正義獲得伸張」的情況下，我們當然可以寬恕，美國神學家田立克（Paul Tillich）這話說得有道理。當我們要人「寬恕」時，可能是要他們違背想得到公平的人類天性。

　　我們來看看是否公平的寬恕真的存在。我認為，這可以從兩個角度來看：

寬恕讓公平更可能發生

首先，寬恕能夠幫助我們忠於事實。

當人寬恕時，不代表他想要改變過去發生的事實，歷史難以磨滅，改變歷史事實是騙子的最愛。只有當我們停止粉飾、淡化過往的傷痛時，我們才能開始寬恕。

有時候，我們受了傷之後，出於驕傲，拒絕承認前夫或是前任男友這種貨色對自己的傷害，以此暫時躲過是否要寬恕他。但是，如果我們不敢讓自己完全去感受受傷的痛苦，我們其實是在迴避寬恕這個議題。當我們正視被人不公傷害的事實時，才可真正邁進寬恕裡。只有敢於面對不公傷痛事實的人，才能選擇寬恕。

從另一個看似矛盾的角度來看，寬恕也是公平的，因為寬恕，我們才能平等看待那些犯錯的人。如果你相信在古老從前的冥冥之中，有一股人無法控制的神秘力量預定了人類的所作所為，那麼你根本不可能寬恕。如果你相信那些傷害你的蠢蛋也只是無常命運的受害者，他們對自己的行為無能為力，那麼你根本也不需要寬恕他們，因為他們需要的是你的同情。如果可以，讓他們回到該有的位置吧！這並不等於你寬恕了他們。

當你直直看進傷害你的人的眼裡，讓他們知道他們需要為自己的行為負責任，只有這樣，你才能寬恕。寬恕很公平，因為它要做錯事的人面對他們自由的良心和人性。

但回到這件事的本質上，當重傷你的人願意挺身面對並擔起責任時，寬恕真的是面對痛苦時最值得敬重的事嗎？

或者，除了寬恕，我們還有另外一條路可以走？你是否真的要將自己凍結於過去殘酷、不公的那一刻？你真的想因著曾發生過的悲慘事件，而讓自己的人生止步於那不可逆轉的過去中？或者你可以找到一個更好的選擇，一個比一輩子與過去痛苦回憶緊緊相連更好的選擇。

假如你不願意和過去和解，也不願意寬恕，那麼，你還有別的選擇嗎？或許，你可以選擇復仇。

復仇是一股想要扯平的慾望。這股炙熱的慾望讓你想要以其人之道還治其人之身，以眼還眼。這才是公平！

然而，復仇的問題是，它從沒有辦法讓人得到他們想要的，因為我們永遠無法扯平。公平遲遲不來到，每一次的復仇行動又形成新的連鎖反應，復仇的浪潮湧流不息，這股浪潮將傷人者與受傷者一起綁在「痛苦」這座升降梯兩頭。只要扯平的念頭未消，這座升降梯就不會停止，兩者都被困在上頭，沒有任何人可以離開。

家人之間為何反目成仇，爭吵不休，總是得等到人死了，或是已經太老、太累才能夠停止爭吵？

答案很簡單：任何一個人，或任何一個家庭所感受到的痛苦都是不同的。傷害我的人不會像我一樣感受到這麼深重的痛苦。我施加在你身上的痛苦所帶給你的感受，遠超過我眼睛所見。給予和承受的傷

害，從來就無法抵銷，兩者就像辛苦爬上山和蹦跳下山一樣，是完全不同的感受。

如果你傷害了我，我決定依樣報復，而且覺得自己報復的分量剛好，正是你活該受的；但是，對你來說，你可能覺得這超過了自己應該承受的。於是，你那想要扯平的天性又驅使你更用力地報復我。接著，又輪到我出招。這會有終止的一天嗎？

以眼還眼，接著是以腿還腿，最後，以命償命。不論你拿什麼當武器，言語也好，球桿、弓箭、槍砲、炸彈、核彈也好，復仇之心都會將我們牢牢鎖在報復的升降梯上，層層往上升高。甘地說得沒錯，如果我們都按照「以眼還眼」的法則過活，那整個世界最後都會充滿瞎子。而唯一的解脫之法，就是寬恕。

不是因為寬恕給人軟趴趴、暖呼呼的感受，才使它成為在復仇之外的另一種可能；寬恕是另一個選擇，因為它是減少不公平唯一且有創造力的途徑。

寬恕有著創造的力量，能讓人從過去傷痛的時刻中掙脫而出，使我們不再深陷那無止盡的連鎖反應裡；它能創造出一個新環境，讓做錯事的人和被虧負的人都能重新開始。

寬恕提供我們一個和好的機會，人類不再是同歸於盡，而是有同受新生的可能。寬恕是意志力的奇蹟，它挪開了阻擋兩人重拾友誼的沉重障礙，當兩個原本疏離的人盡其所能地開始發展一段新關係時，這個奇蹟便在此時此景中油然而生。

　　除了和解，復仇之路最後只會領人進入自我毀滅的無限輪迴裡。傑出的美國神學家尼布爾（Reinhold Niebuhr）歷經了二次世界大戰，他曾說：「我們終必和敵人和解，否則我們都會在仇恨的惡毒輪迴中消亡。」除非我們能從過去得釋放，不然我們就會永遠被過去的不公傷害禁錮。

　　復仇從不能真正讓人得到滿足。因為我們不見得總是能夠反擊，傷害我們的人搞不好已經過世了。也有可能，我們已經又老又虛弱，到那個時候，除了自己心中的恨，我們還能擁有什麼呢？我們用慢火細細燉著仇恨，既無法報復，又無力寬恕。這種難以動彈的情況是多麼令人挫折阿！這根本不能讓事情更公平一點！

　　復仇讓人深陷在過去的痛苦和不公中。我們應該要邁步向前，進入一段更公平的關係和未來，然而渴求報復的內心卻反而將他們推回過去，讓他們不斷重播不公平的舊日時光。而這一切是為了什麼？容我提醒你，都是因為我們想要扯平。

　　寬恕從半路介入到過去不公平的狀態中，然後開啟一條往公平前進的路徑，這個新的公平一定還是不完美的，但至少好過以往那種永無止境的不公平。寬恕讓我們的思想不再受到過去的痛苦與錯誤掌控，並且讓我們得以迎向一個更公平的明天，即便那個明天仍舊充滿著各種未知。

　　寬恕沒有辦法給予保證，但寬恕卻是唯一一扇帶著可能的門。

寬恕是對自己公平的唯一辦法

你覺得寬恕不公平，是因為你想要傷害你的人也遭到報應。而且，你也擔心自己沒有得到平反。但是，對於那些不得不寬恕的人來說，寬恕這檔事就顯得不怎麼公平了。

如果你是因為擔心寬恕對自己不公平，那麼你可能還沒有想得很透徹。寬恕是對自己公平唯一的辦法。想要討回公道，雙方都會成為輸家，而且會帶來比一開始更多的挫敗與痛苦。

回想一下你被錯待時的痛苦，那種彷彿刀刺，被背叛、人格被貶損的感覺。想起這些受傷回憶時，是否又是在為痛苦火上加油，又重新感受它，又再次經歷這個傷痛？假設你不原諒那個人，然而之後每次想起他時，你的心又痛一次。你就好像得了強迫症一樣，常常想起那個人。這讓你成為了過去傷痛的俘虜，被鎖在自己創造出的刑室裡。照理說，時間會沖淡傷痛，但是你自己卻讓傷痛生生不息，讓它一次又一次，不斷地痛打自己。

你的記憶活像一部在靈魂裡重播舊日傷痛的影片，你無法把它關掉。傷痛彷彿毒癮，你被它緊緊牽引，成為對過去的痛苦上癮的癮君子。每播放那些畫面一次，你的心就像又被抽打了一下。這種靠著不寬恕執行的扭曲正義，對你來說就公平了嗎？事實上，這是對你來說最不公平的事了。

　　要從這種不會自癒的疼痛中復原，就是去寬恕那個傷害你的人。寬恕中止了冤冤相報帶來的痛楚；也使你的回憶可以換成新的版本，得以癒合。當你不再糾結別人做的錯事，就是切除掉自己生命中的毒瘤。

　　你釋放囚犯得自由，然而你發現，原來那個囚犯，就是自己。

19.

Forgiving Is A Better Risk

更 值 得 的 冒 險

寬恕可能有害孩童健康。但是，偶一為之，低調、輕鬆地針對小事原諒他人，並不會危害人類社會。但如果你不分青紅皂白、大張鑼鼓地寬恕一些犯下大錯的人，那你可能就會威脅到無辜孩童的明天。

這樣說來，寬恕實在是有著嚴重的風險。

咱們得面對一個事實：隨便給予的寬恕是很危險的。我們在寬恕後很可能就會遺忘這一切，而當我們遺忘了過去的恐怖，我們在未來就可能重蹈覆轍。

每一次的寬恕，都可能是釘在別人棺木上的一根釘子。如果你寬恕了那個強暴你姊姊的人，你就可能讓社會上針對強暴犯的吶喊和怒火

噤聲。如果寬恕了那個販賣古柯鹼給你女兒的毒販，那下次他找上的可能是你鄰居的女兒。如果你輕易地寬恕，快速地遺忘，有可能將其他無辜的受害者，推向並不在乎寬恕的行兇者的魔掌。

假設你寬恕了納粹（當然，這事是否可以做到本身就存疑），難保終有一天，你也忘記了猶太人大屠殺的發生。如果亞美尼亞人寬恕了土耳其人，他們的孩子就會忘記曾經發生過的亞美尼亞種族大屠殺。如果烏克蘭的富農（kulak）寬恕史達林，他們的孩子就會忘記他們的父母是怎樣在俄國人操控的飢荒中被活活餓死。如果柬埔寨人寬恕了波布（Pol Pot），他們的孩子就會忘記他曾經殺害上百萬無辜的柬埔寨人民。

寬恕帶來遺忘的風險，可分成個人和全球兩方面。當我們寬恕並嚥下發臭的歷史舊業時，就是讓以後可能出現的怪物逼我們吞下更多的惡事。寬恕醫治了我們的不適，卻容易讓我們忘記——邪惡的事情既然發生過，就有可能再發生。如果水壩出現了裂痕，我們就得準備迎接氾濫的洪水。

令人憂心的是，當你寬恕了他人以後，你會開始發覺到這些人的各種優點。集中營的守衛是個顧家的好男人；他們每天早上九點上班，眼睜睜看著小孩被殘殺，下午五點下班回到家後，和老婆在溫暖的床上來場充滿日耳曼人風格溫柔性愛。黑手黨員可以在午間殘酷射殺競爭對手，然後下午回家和子女團聚，彷彿跟一般傳統家庭沒啥兩樣。凡事都有兩面，或許歷史上的這些禽獸，不像被害人所想的一樣糟糕。

　　有這麼一說：教會信徒不值被託付原諒的重任。或許上帝可以在寬恕人的同時，仍舊不失去祂對罪惡的憤怒；又或者，上帝不會自欺欺人，祂知道得寬恕的罪人心裡的邪惡，依然讓他們有可能再次犯罪。但多數人讓寬恕沖刷掉種種回憶，洗去那些苦澀感受。他們跟酒鬼沒什麼兩樣，只有在宿醉未消的時候才痛恨酒精。

　　隨著回憶漸漸淡去，他們變得軟弱，而且他們還會將這種軟弱美化為一種富有哲理的見解。一旦他們決定寬恕，過不了多久，他們便急不及待地把發生的一切事情都歸咎於情有可原的環境因素，說都是因為歷史的重擔、艱困的時刻、受貧窮折磨的人民、病態的家族背景、有缺陷的基因等等造成的。他們會說，沒辦法，這都是命。

　　小心這些頭腦不清楚又軟弱，隨隨便便就寬恕的人！

　　用上面這些例子反對寬恕還不夠強烈嗎？

　　要減少這種風險，方法之一相當簡單，就是我們得下定決心，不讓後代子孫們輕易遺忘。我們可以告訴孩子過去發生的那些可怕錯誤，或是建造大屠殺紀念館，或是充滿藝術感的紀念碑等等。我們應該矢志努力，以確保我們的子子孫孫永遠不會對過去發生的事不聞不問。世世代代，我們都該大聲宣揚。

　　不過，我們也須要知道，牢記不忘也有它的問題。若說遺忘讓人重蹈覆轍，牢記不忘也會使過去的錯誤永存不朽。記憶能夠滋養仇恨之火，讓它翻騰不息，在人心裡製造出一種只有靠復仇才能傾洩的壓力。但是，扯平是不可能的，從來都不可能，就算你試一百萬年，結

果都是一樣的。所以，牢記不忘對於那些受苦最深的人來說，是另一種最慘的精神折磨。

在寬恕和牢記不忘兩者之間，是否有條狹窄但可走的活路？

這條活路我稱之為救贖性的記憶。我們雖然牢記不忘過去那些已經不可能改變的錯誤，然而還是有一條能使我們得醫治的路途可走，這條路一方面勾起我們對過去的傷痛感，但是另一方面卻帶來對未來的盼望。救贖性的記憶保留過去發生的事實的清晰輪廓，但是卻有不同的情景設定與焦點。

沒有人比古時候的希伯來人更懂得什麼是救贖性記憶了。牢牢記住每件事是他們的生活方式。回憶能教導、告訴他們自己是誰，也讓他們知道自己在整個人類社會中的定位，而他們對自己的期待又是什麼。他們的未來是由過去而生，藉著牢記過往，他們能夠發掘今日的意義和明日的目的。

摩西就把希伯來人在過去犯下的錯誤一一寫下，永久留存，如此一來，後世的人才能明白這些事情發生的經過，以及對今天有什麼意義，在未來又應該怎麼回應：「你只要謹慎，殷勤保守你的心靈，免得忘記你親眼所看見的事，又免得你一生這事離開你的心；總要傳給你的子子孫孫。」

免得忘記，永遠別忘記。如果你忘了過去，你就忘了自己是誰，也失去了明日的籌碼。

不過我們再來仔細看看，猶太人到底應該要記住些什麼？並不是他們被奴役四百年的這段慘痛歷史，當然，這是他們的過去沒有錯。也不是法老王在埃及對他們作的種種不公義之事，雖然那也是過去的一部分。摩西並沒有命令以色列人記住這些邪惡的事。令人驚訝的是，在這份以色列人歷經奴役、獲得拯救的備忘錄裡，他們並沒有被要求記住這些發生在過去的悲劇。

他們要記住的，是讓他們得以存活和更新的這些神蹟；不是要記得上帝沉默不語、似乎缺席的那些時日，而是上帝拯救他們脫離奴隸和折磨的那日子。

逾越節的宴席就是他們的紀念日。

「你們要記念這日……你們的兒女問你們說：行這禮是什麼意思？你們就說：這是獻給耶和華逾越節的祭。當以色列人在埃及的時候，他擊殺埃及人，越過以色列人的房屋，救了我們各家。」

從痛苦中得釋放、自由、救贖的那一天被他們紀念，而不是那些被奴役、被錯待的日子。他們要紀念的，是未來的可能，而不是過去的恐懼。

救贖性記憶驅使我們追求一個更好的未來，而不是把我們深鎖在糟糕的過去裡。

當以色列人記住他們過去的傷痛時，這些記憶就激動他們在今天尋求正義伸張。過去你曾經是流浪異鄉的客旅，所以今日要記得在你

的土地上善待那些異鄉人；過去你曾被不公不義的主人剝削，今日要記得不可以這樣對待自己的同胞；你曾經身為奴隸，所以你應該讓自己的奴僕可以自由離開。從猶太人受苦的救贖性回憶中，生出一縷希望的細絲，點亮了他們追求更好生活的盼望。

在基督教裡也有一樣的狀況。基督徒總是被提醒，不要忘記耶穌所受的苦難。記住耶穌所經歷的痛苦死亡，直等到祂第二次再來。也因為這樣，早期的信徒都是這樣緊緊牢記這個命令。不過，這種紀念方式並不是要人因為耶穌受到不平待遇和祂痛苦的死亡過程，而再次挑起心中怒火，事實上，恰恰相反。

紀念的重點是要我們在感受耶穌死亡的震撼後，不斷被祂的復活生命一次又一次地更新。

救贖性記憶聚焦於自灰燼中燃起的這份愛，光明能驅走黑暗，盼望也勝過人們記憶中的邪惡。

我並沒有想要忽略，我們的確可能遺忘，而且別人可能會轉而利用我們的遺忘這個事實。但是，恩典本來而且永遠都是一場賭博。上帝也知道。祂太知道所施予的原諒被人狠狠甩回臉上的感覺，彷彿人們在挑戰祂，看祂下一次還會不會再原諒。「我們可以仍在罪中，叫恩典顯多嗎？」有何不可呢？如果祢這麼喜歡原諒，我們就給祢更多練習的機會吧，讓祢可以玩得更開心！

但是，上帝仍然願意冒著這種風險；同樣地，任何曾經寬恕過別人的人，也都冒過一樣的風險。

我們其實不是要問「原諒是不是一件危險的事」這個問題,我們想知道的是,原諒到底是不是一個相對比較安全的賭注。重點永遠都在於我們有沒有獲得最好的賠率。

確實,寬恕是件有風險的事,然而,有一些方法能夠提高我們的勝算。

其中一個方法,就是把充滿驚駭的過往回憶,轉變成一段救贖性記憶。

我認為,這個方法值得我們冒一次險。

20.

Forgiving Is Stronger

寬恕使你更堅強

個性比較剛烈的人通常都認為，恨意和暴力能帶來力量。

阿爾及利亞裔的法籍黑人作家弗朗茲·法農（Frantz Fanon），一直不遺餘力地宣揚暴力、恨意是未來時代的新權力，在這個議題上，其影響力恐怕無人能及；而他確實也啟發了許多一九六〇年代的黑人民權運動領袖。法農那種充滿熱切的哲學充塞在他的著作《大地上的受苦者》（Les Damnés de la Terre）中，書名裡的受苦者，指的就是那些受困於不公之苦與貧窮困頓之中的人。他認為，對這些人來說，解藥只有因恨而生的暴力。

他說：「暴力，是一股洗滌的力量，它能讓（承受不公之痛的）人從自卑、絕望、動彈不得中得著自由；暴力，重新賦予人自尊，並使人無所畏懼。」

對我這個熱切宣講寬恕的人來說，法農對暴力的熱愛實在極具說服力，我大概找不到比他更強對寬恕的挑戰者了。

我承認，憎恨的確會帶來一股力量。對一個被恨意鼓動的人來說，寬恕在相形之下顯得軟弱無力、毫無生氣。每當我們滋養著心中的輕蔑，並籌劃著該如何才能討回公道的時候，我們就覺得自己滿有能力。我們在心裡盤算著一個絕妙的計畫，讓那些傷害我們的人知道厲害，在大庭廣眾下讓他們給個交待，我們則在一旁看著他們卑躬屈膝的模樣。光做著這些復仇的夢，就讓我們覺得自己強大無比。對我們來說，「下地獄去吧」聽起來遠比「我寬恕你」來得厲害。

恨意確實能產生一些真實的力量。任何曾經被傷害過並因此萌生恨意的人都有過這種經驗。在二次世界大戰期間，自印尼巴丹島

戰役中生還的美軍俘虜，被迫開始進行死亡行軍，日軍拿著刺刀戳刺他們，只能以腐爛的食物裹腹。這些俘虜們根本不敢動逃亡或生存下來的念頭，他們萬念俱灰。死亡行軍的倖存者告訴我們，是恨意帶給他們繼續活下去的力量。

不過，我們還是得回到比較一般的日常生活中，比如說，我們來看看瑪西的例子。瑪西被丈夫拋棄，她身無分文，也沒有一技之長；更別說她還有些自卑，覺得自己不但沒人愛，也不值得被愛。後來，瑪西為了謀職位而重新回到學校受訓，然後得以在就業市場中找到一份工作，還做得有聲有色。如果你問她，在這段期間裡是什麼支撐、幫助她，讓她不至於被絕望的流沙吞噬，她會告訴你：「是因為我想告訴那個拋棄我的混蛋，他可傷不了我。恨帶給我力量。」

寬恕者對瑪西的這番話，又有何答辯？

他們大概會這樣回答：恨意能帶來立即的力量，但當受苦的感覺消逝之後，這股力量也會慢慢乾涸。當我們覺得被痛擊時，恨意讓我們能繼續向前；但當苦難終止後，這股動力也會漸漸消逝。然後，恨意會開始反過來攻擊你自己。恨意飲啜著靈魂中的精力，使得你的心靈乾渴更甚以往，以至於你根本難以跨越這股恨意，為自己創造更美好的人生。

恨意只能救急，就好比快充電池或是海洛英。然而，卻不是可靠的長效發電廠。而且到最後，它甚至沒辦法再製造出任何力量。

如果這股帶來力量的恨意是出自於我們對軟弱的懼怕，那麼這股力量就更是微弱了。我來分享一段故事，這樣你會更明白我的意思。

　　馬克認為自己的太太凱倫是個做事有效率、積極，又很有主導性的人；相形之下，他覺得自己非但能力不好，而且又總是畏畏縮縮、唯唯諾諾的。凱倫常常刺激馬克，想要他出面管管孩子、決定事情、起身對抗那個敲竹槓的維修工人，或想辦法讓自己有出色一點的工作表現。簡單地說，就是不要老是讓人看不起。馬克活得很悲慘，而且他痛恨自己是婚姻裡弱勢的那一方。

　　有一個晚上，馬克和凱倫與朋友一起出席派對，幾杯夏布利白酒下肚後，乘著酒興的凱倫開始取笑馬克，說自己真是受不了他老像個長不大的媽寶一樣。這些尖刻、惡毒的話，把馬克打入充滿恨意的堅固堡壘中；原本萎靡不振的羞愧感，現在成了蓄勢待發的憤怒。派對結束，兩人一到家，馬克趁著自尊受傷的這股氣頭，對凱倫怒吼道：「我絕對不會原諒你說出這些話，一輩子都休想！」

　　而他也真的說到做到。這股恨意似乎成了馬克豢養的一隻秘密小寵物，他悉心呵護、餵養、寵溺自己心裡的恨，讓它在靈魂的牧場中肆意嘶吼。對馬克來說，這股恨意就好像是他內在力量的發電機。

　　不過，他的恨也只不過帶來很膚淺的力量。在這股恨意底下，馬克仍然覺得凱倫對他的看法是對的，他真的是個軟弱、無能又毫無用處的人。這股恨意，只不過是馬克用來偽裝這個他不敢面對的軟弱自己。

　　凱倫也不是笨蛋，她知道馬克那看似有力的恨意只不過是用來掩飾他的軟弱，那是他僅有的偽裝。她太瞭解馬克了。

然而，雖說她瞭解馬克，但卻一點都不認識自己。她閉上眼睛，不願面對事實：這種自大的強硬態度也不過是用來應對自己軟弱的工具；她心中也有許多讓自己害怕的事物，她需要藉著控制馬克獲得力量，馬克就好像她的拐杖一樣。然而，因為馬克不夠強壯，所以她只好一再重複「讓自己看起來比馬克強壯」這場令人精疲力竭的遊戲，以掩飾自己心中的軟弱和恐懼。

不過，凱倫後來看清了自己的問題。歷經一次幾乎讓她精神崩潰的事件後，她學習到，她不見得總需要強裝堅強，不顯露軟弱。在幾次心理諮詢和切身之痛中，凱倫終於面對了事實：原來她軟弱、害怕，而且很需要別人肯定。她把偽裝出來的自信丟到腦後。

當終於面對真實的自己後，凱倫也找到了更為真實的力量。比如說，她終於有勇氣告訴馬克，自己是如此怯懦又懼怕，也能夠坦承過去要求馬克不能示弱的自己有多麼殘酷。她深知，真正的力量是發自於軟弱之中。既然如此，為何不兩個人一起軟弱呢？

馬克答應和凱倫一起去諮商，目標並不是要讓自己更強壯，而是幫助兩人都能接納脆弱、膽怯，身為人的那個自己。從這開始，幸福快樂的日子慢慢展開。在這段過程中他們流了許多淚水，洗去以往那些認為如果要強壯，就不可以顯露任何脆弱的瘋狂信念。馬克的眼淚刷掉了過去的假象。

而當馬克明白到力量其實是來自於許多的軟弱時，他開始能夠放下自己的恨意。為什麼不呢？一個人如果不以軟弱為恥，又何須戴上任何偽裝的面具？

　　這種「恨是強壯，原諒是軟弱」的想法，其實是由一個對力量本質的錯誤認識羅織而成的謬誤。它讓力量和軟弱這兩種概念彼此為敵，好像我們非得在兩者之間擇一不可；如果不是強壯，那你就是軟弱的。也因為這樣，它描繪出的生活跟現實生活差距甚遠，就好像一部很難看的黑白電影。我們從來就不會是完全強壯或是完全軟弱的，事實上，我們是既強壯同時也軟弱的。就是因為我們兩者兼備，我們才具有人性。

　　寬恕既展露軟弱，同時，又呈現強悍最人性化的強大力量。

　　下面就讓我們一起來為寬恕帶來的這些力量命名吧！

1. 寬恕就是面對現實

寬恕的原廠配備就包含了現實主義的強韌。我們在能夠原諒之前，都得先鼓起勇氣，認真檢視我們曾經犯下的錯誤和恐怖的事實；又或是別人在我們身上所做全然邪惡的那些事。我們不能粉飾太平，也不能藉故推託，更不能視若無睹。我們直視邪惡的臉孔，辨別它的真貌。只有活在現實生活裡的人，才能成為寬恕者。

有些人無法寬恕，其中一個最大的原因是，他們不敢面對現實。父母親不敢面對真相，所以錯失了寬恕自己孩子的機會。一個母親直覺兒子一直在偷她的錢，她的兒子失業了，但卻需要錢買毒品，所以他每次偷一點點的錢。這個母親開始發現，今天是皮包裡少了一張百元鈔，明天是化妝枱抽屜裡消失了一張五百元。兒子留下了一屁股的線索，多到根本藏不住自己的秘密。她心知肚明，卻不願意承認；她把發現的證據封存在潛意識那個專門收藏不愉快事實的盒子裡。她遮住眼睛，讓自己不需要面對這場寬恕危機。

自我欺騙比寬恕要來得簡單得多，卻對得到醫治一點幫助都沒有。

寬恕要開始，得先從抖落欺瞞、面對現實開始。

2. **寬恕就是面對衝突**

　　從衝突中產生出來的寬恕能力，最能讓人一目了然。我們若不曾面對傷害我們的人，告訴他說：「你做的事情傷害了我，我非常不喜歡你這樣對我。」那我們也就無法完全地原諒他。

　　麗茲是加州一所大學裡的生物系助理教授。她並不是那種學者型的人，但確實很擅長教學。她期待能夠升職，而系主任也答應會替她說服教務長，畢竟她的教學表現的確出色。麗茲滿心信任、倚靠他。

　　然而，教務長把她叫進了辦公室，告訴她，她不會得到升職，而且還建議她去找別的工作。

　　一開始，麗茲覺得自己是個無可救藥的失敗者，而正當她努力爬出深淵時，一個性喜八卦的教職員又說溜了嘴，她這才發現，原來系主任不但沒有推薦她，反而對她的教學表現滿口不屑、輕視。

　　麗茲被這個原本答應要幫助她的人狠狠背叛，這頭學術豺狼從背後狠狠咬了她一口。麗茲真是恨透他了。

　　可是，她還是需要他的推薦信。所以，有好一陣子，麗茲玩著這場遊戲，當系主任向她表達遺憾，說都是因為他的推薦不夠力，以至於教務長沒有讓她升職時，她假裝自己信以為真。然後，每一天晚上當麗茲回到家時，她都抱著馬桶嘔吐。

　　她沒有辦法讓這場心口不一的遊戲維持太久。她終究得停止說謊，並且戳破系主任的謊言。她需要和系主任攤牌，但如果她這麼做，她就休想得到系主任的推薦信了。這一天，她和系主任在咖啡壺旁狹路相逢，她把系主任拉到一旁，看著他的眼睛，對他說：「傑克，我知道你對我做了什麼，你好像把我從樓梯間推下來一樣，我實在很討厭你這麼做。」系主任當然矢口否認，並且再度以謊言回應後就離開了。

　　但是，麗茲卻開始感受到一股力量，如果她要寬恕系主任，這個力量正是她需要的。她知道要寬恕並不容易，也不確定自己是否能做到；但有了從心裡升起的這股力量，麗茲覺得自己的軟弱已經強壯到可以開始試著寬恕。在麗茲的腦海中，她扯下系主任豺狼般的偽裝，看到偽裝之下的他不過是個可憐、軟弱的人。

　　當決定寬恕時，她就得到了自由；她不再抱著馬桶吐，也不需要再吃安眠藥才能入眠。她知道，不管接下來去哪間學校，她都是個自由的人了。

3. 寬恕就是自由

沒有人可以逼你寬恕。

只有一個完全自由的人，才能選擇不討回公道；只有一個自由的人，才能選擇和傷害他的人重新開始；只有一個自由的人，能夠不計較得失；而只有一個自由的人，才能從充滿傷痛和怨恨的回憶中得到醫治。

當寬恕別人時，你會驚訝於自己竟然擁有原諒人的自由，這是就算拿一整個國家的武力逼迫你，都無法做到的事。你出於自由意志原諒了他人，也讓你因此進入到一個更大的自由裡。自由就是力量，而當你能夠寬恕時，你知道自己就擁有了自由。

4. 寬恕就是愛的終極能力

寬恕背後的動力是愛。

但其運作的方式和一般人想像的不同。

愛並不是一種軟綿綿、毛茸茸，好像不管別人對我們做什麼，我們都不會計較的感覺。對那些傷害我們的人來說，愛也並不會讓我們成為一個什麼都沒關係的爛好人。

愛能使我們原諒，因為愛是如此的強大。

愛的裡面有兩個組成分子，它們是使愛如此強大的原因。其中一個元素，是尊重；另一個，是承諾。

然而，從某一方面來說，這兩個特質同時也使得我們非常脆弱，因此我們需要去原諒人；但另一方面，尊重和承諾又給我們能夠寬恕的力量。

首先，愛讓我們能夠尊重自己。

如果你真的愛惜自己，你就會真正地尊重自己。而自重讓我們能夠往前跨入是否要寬恕人的挑戰裡。

當你尊重自己時，你就是為自己畫下了界線，你決定了那些不顧他人感受或殘酷的人能夠錯待你到什麼程度，即便他們是你所愛的人，你仍然需要立定界線。對你來說，有些傷害是不能被接受的，原因很簡單，因為那不是你的尊嚴所應該承受的。你不接受你信任的朋友背叛你，或你所愛的伴侶出軌，或你關愛的孩子苦待你。這些傷害，都超越了一個自重的人所能允許的範圍。

愛的力量極為強大，它不允許你把一切錯誤都歸咎在自己身上，彷彿你的父親不愛你、你的伴侶不忠或你的孩子行為不檢點，都是你自己的錯一般。愛不會允許你長久且錯誤地指責自己。有時候，愛會引領你找到自己的可貴之處，它會對你說：「夠了，我是個有自尊的人，我不要再忍受這一些了！」

　　當愛賜予你早已失落的自尊，並且你決定再也不要吞忍時，你就需要作一個決定：決定自己是否要寬恕。

　　你是不是要繼續和自己過去受到傷害的痛苦回憶緊緊相連？你要反覆回味它的苦澀滋味，在你的痛苦中瘋狂地擠榨出最後一絲苦汁，讓你繼續以這些痛苦為樂嗎？又或是，出於對自己的尊重，你願意選擇原諒並且釋放自己得自由？

　　這種出於自重的愛，會引領你進入一場寬恕的危機；然而，它同樣有能力帶你走進自我療癒之地。

　　愛不會任憑你把自己鎖在充滿苦澀回憶的牢房中，也不會允許你沉溺在昨日的痛苦悲哀裡。由於你愛惜自己，你就會擁有足夠的力量，總有一刻，你可以對自己說：「我受夠了，我再也不要讓別人一直這樣傷害、貶低我了！」於是，你就能踏上寬恕之旅。

　　現在，你可以轉換焦點，將愛指向那些傷害你的人。不論他們多麼惡毒、殘酷，對你有多麼不公平，愛都讓你有能力尊重他們。

　　你能夠對人展現出的最高敬意，就是讓他們為自己的行為負責；而愛就有這種能力，讓別人為著傷害我們負起責任。

　　愛不會永遠都替人文過飾非，也不會一直幫別人找藉口，或保護他們。我知道有個人，他的太太有酗酒問題，她喝醉時，就會開始對他動手動腳或是自殘。這樣的行為深深傷害了他。但是，他完全不敢

告訴太太，請她去尋求幫助；也不敢丟下她，讓她自己決定是否要尋求協助，而且，可以肯定的是，他也絕對不可能離開這間房子以求自保。他說，因為自己太愛她了，然而，這種愛其實並不是因出於尊重而帶有力量的愛。事實上，他根本沒有給他的太太最基本的尊重：讓她為自己負責。

當我們愛人而且給予他們尊重時，就是讓他們可以為自己的所作所為負責。只有這樣，我們才能一起面對寬恕這場危機。

這時，事情有了驚奇的轉折。帶我們步入危機的這份愛，同樣也給予我們走出危機的力量。

即便別人傷害我們，棄我們如敝屣，但愛讓我們仍舊視他們為值得尊重的人。那些傷害我們至深的人，並不只是一團腐敗、發臭的貨色，在那些惡毒、瘋狂之外，他們仍舊有著不一樣的複雜面貌。他們有潛力可以成為更善良、更真誠的人，成為一個遠比在傷害你時更好的人。尊重傷害你的人，能幫助你看到隱藏在這個敗類表象後頭的那個人。而尊重的心，更可以激勵你往寬恕的方向前進。

愛的力量，竟然可以讓你如此尊重自己和那個傷害你的人。

愛的力量的第二種特質，就是願意承諾。

真正的愛讓人願意許下承諾，在承諾當中，我們可以同時看到愛的脆弱跟力量。

Forgiving Is Stronger
寬恕使你更堅強

當你面對未知且無法掌控的將來，卻仍然願意全力以赴的時候，你就是和所愛的人相約在未來。你答應自己，不論情況如何，你都會竭力到那裡去和他們相會。當你承諾他人你會全力以赴時，你自然也希望得到他們同樣地回應。

然而，相信別人的承諾和給人承諾，都是多麼有風險的一件事！別人做不到他們所承諾的，對我來說從不是什麼意外之事；但讓我驚異的，是我們一開始怎麼有那個勇氣許下承諾。承諾使人脆弱。

如果你不敢冒險嘗試寬恕，你只需要作一件事：就是不要給出任何承諾。你可以維持各種開放選項，永遠都把包袱先準備好，每當關係觸礁或前景看似黯淡時，你就可以趕快隨時移動到更青翠的草地去。你可以逃避痛苦，迅速遠離現場，讓別人為你收拾善後；或者，你也可以成為現代隱士，竭盡所能躲避建立任何關係，只維持讓你可以保住飯碗、最低限度的人際關係就好。只要你能夠閃避所有出於愛所許下的承諾，你就永遠不需要寬恕他人。

不過，只要你愛到足以給出承諾時，你就成了需要寬恕別人的候選人。因為你接受了愛所帶來的承諾同時，也讓你暴露在別人毀約時所帶來的傷害之中。當我們受傷時，要嘛我們就上台跳起這支名為寬恕的舞蹈；要不然就是躲在後台，沉浸在自己的揪心痛苦之中。

但是這裡又有一個轉折。勇於許下承諾的愛雖然使人脆弱，但它同樣有能力使人從承諾帶來的傷痛中得醫治。

◆

　　願意承諾的愛，在處理完所有傷痛以前不會輕易放棄，它給人力量撐過艱困的時刻，並且讓人還能懷抱著未來會更好的盼望。願意承諾的愛，也不會在比賽真正結束前就舉白旗投降。它會不斷堅持，而在堅持的過程中，還會賜予人力量，讓我們能夠一直敞開希望的大門，直到找到一個新的可能。

　　我常這麼說，就長遠來看，愛所帶來的寬恕力量，比由恨驅使想要報復的力量還要更強大。我承認，有時候恨會帶來暫時性的力量，讓我們能夠撐過今日的困苦，而這短暫的力量也能幫助我們作出一些困難的決定，引領我們進入明天。但恨意帶來的力量無法持久，它也無法創造除了復仇之外，一個更公平的未來。

　　惟有寬恕能夠提供長效的醫治涓流。從這個角度來看，寬恕比怨恨強大多了。

21.

Forgiving Fits Faulty People

不完美的人，
最完美的選擇

在每個寬恕危機裡頭，都會有一個好人，而另一個，當然就是壞人了。某人不公平又重重地傷害了另一個人，被傷害的需要原諒人，傷害人的則需要被原諒。

不過，如果我們看看全面的狀況，常常就會發現，受傷的人有時候也常作出需要被另外一個人寬恕的事。既然他們也需要被寬恕，這又給了他們另一個去寬恕傷害他們的人的理由。

◆

當別人傷害我們的時候，我們常覺得自己像頭無辜的小羊。然而事實是，我們並不像自己感覺的這麼純潔無瑕。可能我曾經被背叛、欺騙、惡待過，也可能曾經被人狠狠地佔過便宜，好像一頭被扒了毛的白羊。不過，就好像尼布爾在許久以前就提醒過我們的這句話一樣，「每個人心裡的動機就跟迷宮一樣；每個行為，不論善或惡，都是在靈魂中經過複雜辯論、拉鋸後的結果。」人是非常複雜的動物，所以沒有人是真正純白無瑕的。

更何況，我們很少是單純地被傷害而已。很多時候，我們自己也需要為自己的脆弱負上責任，是我們讓自己受傷。有時候，我們甚至張開雙臂歡迎傷痛來到，不是因為我們很愛那個人，而是因為我們太過愚蠢。有時候我們被騙也是活該，因為我們在談妥交易以前，根本懶到不願意多花點時間仔細查驗。伴侶不忠，可能我們自己也有責任，因為我們對他們的感受、需求無動於衷、冷漠以對。我們的孩子叛逆成性，因為我們欠缺判斷力，且總是急著發怒。當然，至少我們知道，雖然身處於受傷的這一方，但我們不真的全然無辜。

我們的道德觀總是可以打個折扣，當受傷初時，我們痛恨傷害我們的人，覺得自己全然無辜，但實際上可能不然。

也因此，我們自身的不完美讓橫亙在我們和傷害我們的人之間的那條鴻溝，得以變得窄一些。我們不是從聖山上拋出寬恕，而是和那些傷害我們的人一樣，都待在低谷裡。現居美國的俄國小說家索忍尼辛（Aleksandr Solzhenitsyn）因為勇敢仗義執言而被逐，流亡海外。他曾在其著作《古拉格群島》裡談到自己和一名軍官在二次大戰期間發展出的友誼。他寫道，那時候他覺得兩個人幾乎一模一樣，他們有同樣的抱負、期許，對每件事情的感受、看法也都相同。

然而，二次世界大戰結束後，他們兩人卻走上截然不同的道路。

索忍尼辛和其他難以計算的無辜俄國人一樣銀鐺入獄，後來又被發配到蘇維埃勞改營和機械場裡工作。每一天，他都得靠著勇氣才能生存下去。

但是，索忍尼辛的朋友又是什麼際遇？他成為了一名審訊官，負責以嚴刑逼迫強取無辜人民的證詞，他的逼供手段相當殘酷，就算只是化成文字也令人不忍卒睹。

這兩個人是深愛彼此的摯友，他們覺得彼此就好像從同個模子印出來般，兩人都深信自己對社會也一定能夠有同樣的貢獻。然而，其中一個成為充滿勇氣、在時代潮流中大放不平之鳴的典範；但是另一個人卻成為人類殘酷、瘋狂體系中的一個旗子。

索忍尼辛不能明白，他們兩個人怎麼會選擇如此截然不同的道路？然而，他並不認為自己是個全然的好人，而他的朋友是全然邪惡的人。畢竟，他非常瞭解自己。

所以，我們才會看到索忍尼辛說，如果換成是他在不同的情景下，跟到錯誤的老師，待在錯誤的環境裡，他也有可能成為跟他的朋友一模一樣的人。

看看他怎麼談論自己和曾經是朋友的這個人之間的差異：

「如果只有邪惡的人⋯⋯會作邪惡的事，那麼，我們只需要把他們和其他人區別開來，加以消滅就行了。然而，區分善惡的界限，卻是縱橫交錯在每個人的心上。又有誰能摧毀自己的一小塊心田呢？」

◆

終其一生，區分善惡的界限一直改變，有時候，極度的邪惡讓天平往這頭傾斜；別的時候，它又往另一端去，騰出空間來讓我們心中的善有機會展露出來。同一個人在各個不同的年代中，在不同的情況下，竟會成為另一個截然不同的人。有時候，他離邪惡很近，有時候，他又好似聖人。然而，他的名字未曾改變，我們把一切，善或惡，都歸咎在這個名字底下。

索忍尼辛身處於和我們一樣的時代中，然而他好比人類純然勇氣和無瑕正直的化身。

我有個一直困擾自己的小小習慣，就是我喜歡設身處地地去揣想那些做錯事的人到底在想些什麼，每當我讀到一個嚴重傷害別人的邪惡壞人故事時，我總是想著，如果我也生在跟他一樣的環境中，我是否會作出一樣的事情？我們以那些蓄奴者，包括那些極為殘忍的奴隸主為例好了，假設我是喬治亞州的奴隸主，我是否會有足夠的道德感，能夠看見奴隸制度有多麼邪惡？老實說，我完全無法確定我可以，甚至，我覺得我的行為大概會跟那個時代的多數白人差不多。

當我和一名承認曾經傷害所愛之人的男士進行諮詢時，我也會站在他的角度，揣想我的所作所為是否真的會比他更好。其實我心裡知道，我跟他其實沒什麼兩樣。

我不覺得這是病態的習慣，我認為，這是對自己的一個提醒，這讓我時刻記得，我之所以看起來品德良好，或許只是純粹因為我運氣好，而且上帝憐憫了我。如果把我放在一個不同的環境中，當展露誠實或勇氣需要付出很高的代價時，我完全不能保證我會成為那個英雄人物。

我們都是混合好與壞的人，耶洗別和聖母馬利亞並存在我們所有人的靈魂中，兩者間的距離並不像我們所想的那麼遙遠。所以，我們又憑什麼覺得自己全然無辜，因而不願意寬恕那個傷害我們的人？

寬恕是不完美的人能夠作的完美選擇，而我們每一個人都不完美。我們最好的一面就像是教會裡的乖寶寶一樣，絕對不敢成為那個拿起第一塊石頭丟淫婦的人。對我們來說，寬恕別人其實是適合我們的行為，畢竟，邪惡和美德同時存在我們裡面。

無怪乎耶穌對不願意寬恕其他罪人的人會這麼嚴厲了，因為他們自己也是罪人。罪行重大，非常需要被寬恕的人，卻對那些只有稍微冒犯他們的人毫不寬容，這種可笑的不一致性，正是耶穌無法視而不見的。

所以在聖經中，耶穌告訴我們這麼一個故事：有一個在皇宮裡工作的僕人欠了國王一大筆債，足足有一萬兩銀子之多，這個金額他得工作十五年才賺得到，而國王竟然願意免了他所欠的債。他欠的這筆大債被國王免除後，他在宮廷外的路上，遇到一個只欠他一兩銀子的人，一兩銀子其實大概只是他一天的工資，但這人卻堅持討回每一分錢。當國王聽見這件事後，召來了這個僕人，收回他的赦免，並且將他貶為奴隸，直等到他還清所欠的每一分債。

這個故事其實就是在描述上帝和我們的關係。如果我們的所作所為跟那個不寬恕的惡僕人一樣，那上帝就會像那個國王一樣對待我們。

耶穌找到袋子裡最困難的戲法——寬恕，然後要我們去行出來，不然我們就只能落得也不蒙祂寬恕的下場。祂讓我們覺得自己好像《格林童話》故事裡農人米勒的女兒，如果不能在明天天亮以前把稻草紡成金子，腦袋就要落地。而且，在我們的這個故事版本裡，可是不會出現精靈小矮人，幫我們從如同稻草的心裡紡出寬恕來。那麼，上帝為什麼要對我們這麼嚴厲？

這是因為同樣身為罪人，一樣需要寬恕的我們，卻拒絕寬恕同是罪人的其他人，這件事本身充滿的不一致性，對公義、信實的上帝來說，真是難以接受。

所以祂說，如果你想要得到上帝的寬恕，卻又無法原諒只是稍微得罪你的人，那你就休想要得到上帝的寬恕！不要去看英王欽定本那種文縐縐的用詞，我想耶穌大概是這麼說的：「如果你拒絕寬恕別人，卻還想從我這得到寬恕，你最好還是滾到一旁去吧！」

獲得寬恕這份禮物和用愛的能力去寬恕，大概就像是陰陽的一體兩面，兩者相輔相成，也是彼此的出路。光只是領受這份禮物卻不使用這個能力，就跟只吐氣卻不吸氣，或是不讓雙腿移動，卻想要走路一樣荒謬。

這其實關係到你個人的生活方式。你通常怎麼回應傷害你的人？你是否總是直刺別人的要害？是不是每次別人冒犯你的時候，你都想著要報復？「討回公道」是否是你的風格？如果你從不想寬恕人，也從來沒有至少試著對付自己心中的恨意，或嘗試恢復一段關係，那你就真的有大麻煩了。

　　如果你不斷試著想寬恕，就算看起來好像有一搭沒一搭的，或許今天你做得到，明天卻只能恨他，後天又得繼續試著寬恕？不管怎樣，你仍舊可以稱為是個寬恕者。我們多數人都只是業餘選手，有時候還笨手笨腳地把事情搞砸。那又怎樣呢？寬恕裡不會有專家，我們都只是初學者罷了。

後記
Postlude

當我們原諒別人，難以預測、非比尋常和充滿創意的事情就發生了，在這本書裡，我們已經看過好多類似的例子。

我們扭轉了自己生命裡看似無可逆轉的歷史潮流，改變過去充滿傷痛的個人歷史。當人傷害我們帶來的痛楚，原本甚或會感染我們的現在，毒害我們的未來；然而如今，卻如潮水般退去。我們治癒了自己。

這真是件完全無法預期的事，從事物的本質、人類的自然天性來看，都難以想像我們竟然真的可以寬恕。

然而，幾乎不會有人注意到我們創造的這個奇蹟。

我們靠自己完成這個奇蹟，其他人或許可以幫助我們，但當真的成就時，卻是發生在個人內心深處的這個隱密之地。

◆

266

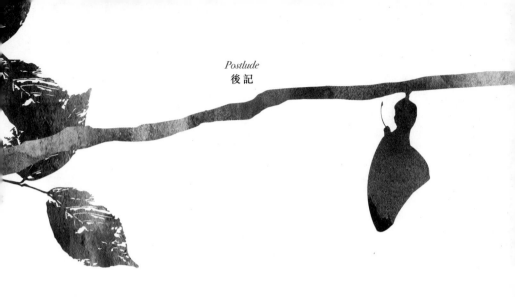

　　默默地完成，沒有人可以捕捉這一刻的聲響。沒有人看見，也沒有人可以錄下這場奇蹟。

　　那是出於自由的意志，沒有人能夠哄騙我們寬恕他人。

　　寬恕確實非比尋常。當我們寬恕時，就是和斤斤計較、事事都追求公平的世俗道德觀對抗。

　　寬恕確實充滿創造力。當我們寬恕，就是最靠近上帝在創造我們時所賦予人類的神聖。我們從過去的痛苦中創造出新的開始，而藉著改變那個看似毫無希望、充滿不健康和死亡的過去，我們為未來創造出新的醫治。

　　當我們寬恕，就是和上帝一起昂首闊步。

　　而且，我們也從那些原本就不該承受的傷痛中痊癒過來。

◆

當我們寬恕，就是和上帝一起昂首闊步。

而且，我們也從那些原本就不該承受的傷痛中痊癒。

不管怎樣，你仍舊可以稱為是個寬恕者。

我們多數人都只是業餘選手，

有時候還笨手笨腳地把事情搞砸。

那又怎樣呢？寬恕不會有專家，我們都只是初學者罷了。

寬恕，是真的可以嗎？ |
原著導讀

· 在這個部分，本書作者邀請你和他一起邁向尋找所有和寬恕相關的問題、懷疑的解謎之旅。你之所以會對寬恕這個議題有興趣，可能是因為你正好需要寬恕生命中的某個人；然而在過程中，你又有許多的不解和困難。當你想到被傷害的感受，在腦海中浮現的第一個人會是誰？他和你有什麼關係？他是怎麼傷害了你？這個傷害公平嗎？你覺得自己能夠原諒他嗎？如果你想要原諒他，那麼又有哪些徵兆顯示你已經原諒他了？

· 在第 28-31 頁對於寓言故事裡的麵包師傅和他的太太，你能認同或是感同身受嗎？我們人生中都曾有過這樣的經驗，嘴巴上說著已經原諒某某人，但心裡卻知道這根本就不是真的。你什麼時候曾經歷過這種情況？一邊公開原諒某人，私底下卻仍舊放不下，你心裡的動機是什麼？現在回頭看，你是否發現那些傷痛仍一直困擾你，並且給你的生命帶來負面的影響；又或者，你已經打從心底原諒了傷害你的人？

・ 在第 39 頁，作者提到我們需要清楚區分與辨別哪些傷害需要寬
恕，哪些不需要。討論看看你是否有曾經混淆過這兩者的經驗？
你是否曾試著寬恕？結果發生了什麼事？有成功嗎？

・ 作者在第 43 頁提到幾種不公平的痛苦，哪些是你曾經歷過的？

・ 作者把受傷的痛楚分成七種（四種比較輕、三種比較重）。在四
種比較不嚴重的傷害中（輕蔑、冒犯、失望、表現不如人），哪
一個你最能認同？有哪一種雖然還不至於讓你面臨寬恕危機，但
卻使你想起過去被人傷害的回憶？另外三種不公平的痛苦（不
忠、背叛、殘害）特別深刻，所以需要我們運用寬恕的能力，其
中又有哪一種特別令你有感受？你曾經受過這三種傷害嗎？這些
傷害是否讓你面臨寬恕危機？你採取了什麼行動來回應？

◆

· 第 64 頁中作者寫到：「只有不食人間煙火的聖人，或是毫無情感的妖怪才會一輩子不知道恨人為何物。」討論看看你有沒有曾經試著掩藏對某人的憎恨，只因為你不想要讓自己看起來像是壞人？拒絕承認、正視自己的感受，為你的生活帶來什麼影響？

· 作者在第 67 頁提到麥可・克里斯多福創作黑天使的幕後故事。你是否也曾經有過作者所描述的這種憎恨？這樣的經驗如何影響你的人生，以及你與他人的關係？又如何影響你和造成這個傷害的那個人之間的關係？

· 第 73 頁作者提到寬恕旅程正在開始時會出現的徵兆：「當你開始回想起那些傷害你的人，而且開始感覺到有能力祝福他們，就知道自己開始寬恕了！」你是否曾經成功地寬恕那些對你的寬恕不屑一顧的人？你的感受如何？是否有些人你覺得自己已經寬恕了，但現在當你再次想起他們時，你還是沒有辦法真心祝福他們？

· 試著描述一下從你受傷到能夠寬恕對方時，中間經過的這段時間是如何的？你們如何重新回到對方的生活中？有什麼事情改變了嗎？彼此在生活中的角色是否也改變了？你們能否重新建立真正的情誼？

· 第 38 頁作者描述了他拜訪家族的鄉下友人時發生的一段經歷，他聽到一個他認為是好友的男孩在他背後嚼舌根。你也有過一樣的經驗嗎？當時的感受如何？你也有對別人做過這樣的事情嗎？是在什麼情況下你做出這樣的事情？那些人有原諒你嗎？

- 在 97 頁，作者提到接納和寬恕的不同：「我們因著別人好的本相接納他們，但我們寬恕他們做的壞事。」試著各舉一個你生命中曾經接納和寬恕人的例子。

- 作者列舉了三種很難去原諒的人：隱形人、不論我們原諒與否他都毫不在乎的人、邪惡到難以原諒的人。第 107 頁裡提到的這三種人，你遇過哪一種？試著描述當時的狀況。分享看看，你能夠寬恕他們嗎？

- 作者在第 6 章〈那些看不見的隱形人〉中，列出了看不見的隱形人：已逝的雙親、拋棄自己的生父生母和隱藏在組織裡的人，你曾經被其中哪一類人傷害過？那時候你有試著美化傷痛嗎？如果有，你怎麼做？如果沒有，你接下來會採取什麼步驟，以幫助自己從隱形人帶給你的傷害中痊癒？

- 第 127 頁提到道歉和悔罪的不同，你是否曾經接受過別人的道歉，然而實際上他們其實應該要展現悔悟？那帶給你什麼感受？

- 作者在第 130 頁給了懺悔這麼一個定義：「懺悔的目的不是為了討回公道，而是為了得到醫治。」在你的生命中，懺悔扮演了什麼角色？對你來說，懺悔是為了得到痊癒，或者是讓你可以討回一些公道？

- 第 145 頁，作者分享了關於謙卑的一個有趣觀點：「這些試著把自己的錯誤不分青紅皂白就捆成一整包的人，其實一點都不謙卑，而是自大到想要當神。」按照作者的看法，為了能寬恕自己，

◆

我們需要擁有非常好的自我認識和覺察。你曾經成功地寬恕過自己嗎？試著分享為了什麼事情，並且試著檢視那是否夠明確、具體。

人有可能是全然的邪惡嗎？你的看法是什麼？作者在第 9 章〈那些生命中的猛獸〉提出的看法是否帶給你衝擊？你是否同意這樣的看法？

在 167-170 頁，作者告訴我們他和太太朵莉絲失去寶寶的故事。你是否也曾有過這種需要寬恕上帝的經驗？

我們很多人都覺得被公權力傷害過，不論是一張你自覺不應得的違規罰單，或其他一些更嚴重的事情，如同作者在第 179-181 頁所描述的狀況。這些傷害是否深刻到足以將你捲入一場寬恕危機中？你是否能夠祝福那個傷害你的人？如果可以，你是怎麼原諒他／她的？如果不能，你又會試著做些什麼以踏出寬恕的第一步？

在第 12 章〈瞭解關於寬恕的兩三事〉裡，作者描述了蕾娜和班痛徹心扉的離婚始末。蕾娜的自我發現與認識發揮了很大的功用，讓她有能力寬恕班。試著分享你是否也有過這種「突然看清自己」的時刻，有可能時間不長，但你就這麼突然地獲得了自我覺察這份禮物。這個新的看見如何帶給你影響，幫助你有能力去寬恕？

當你發現自己的作為傷害了別人，你啞口無言，我們都曾有過這

樣的經驗。作者在第 13 章〈在疑惑中摸索〉裡描述了自己的經歷，你也有過類似經驗嗎？你有試著做些什麼事去修補這段關係嗎？閱讀了本章節後，再想想過去，如果可能，你會採取哪些不一樣的做法？

· 根據作者的定義，怒氣和敵意之間有何不同？試著以自己的經歷為例來說明。你曾經有過有建設性的怒氣嗎？若是，請描述之。若沒有，也請分享怒氣對你和你與他人的關係造成什麼負面影響。

· 作者提到一個普世性的經驗，每個人都曾經想要為著別人之所以為他們、而不是他們的行為去寬恕他們。你有過這樣的經驗嗎？當你試著為對方原本的樣子寬恕他們，你有什麼感覺？你現在會有不一樣的做法嗎？

· 你是個操控型的寬恕者嗎？如果是，你是三種類型中哪一種？你可以做些什麼來改變這種行為模式？

· 在第 18 章〈生命因此更加公平〉裡，作者分享了三個強而有力的故事。哪一個故事你最能感同身受？為什麼？

· 你有曾經復仇的經歷嗎？別人作了什麼傷害你的事，而你又作了什麼以報復他們？報復過後你的感受如何？

· 在 240 頁作者為「救贖性記憶」下了一個定義，你認為這是否一個實際的做法？不論你贊成與否，請分享一下你的看法。

· 你的人生中是否曾經感受過這股由恨意帶來、迅速湧現但無法持久的力量？它持續了多久？帶來什麼短暫或長期的影響？

· 要承認我們對於自己所受的傷害也有部分責任，的確很不容易，而當我們覺得受傷時，要想起有時候我們也同樣或甚至更重地傷害別人，也很困難。想想看你曾經被不公傷害的那一刻，你是否覺得那時候的自己全然無辜，而且完全有理站得住腳？如果那時候你就讀過這本書，是否情況會有所不同？現在回頭看，你可否看見自己的錯誤？若是，你認為自己在過去的傷痛中需要負什麼責任？或者你是否可以理解，並站在那個傷害你的人的角度思考？你看到了什麼？

上帝與我共同創作
God and I at the Writing Desk

節選自路易斯・史密德著《上帝與我——靈修回憶錄》
An excerpt from My God and I:
A Spiritual Memoir by Lewis B. Smedes

　　在就讀於富勒神學院的那段日子裡，我寫了幾本書，開始寫作的時候，我早已經不止五十歲了，但是，我從來都不覺得自己是個作家。我覺得，楊腓力（Philip Yancey）、蘭歌（Madeleine L'Engle）、布赫納（Frederick Buechner）那些人才是作家。寫作是他們的生命，他們也賴此為生。這些人都是出色的作家，令我欣羨，甚至嫉妒到要犯罪的地步了，但我自己嘛，不過就是或曾是，一個以寫作為副業的教師和傳道者而已。

　　不過，我和真正的作家之間倒是有一個相同之處，那就是：我喜愛句子。當我就讀加爾文學院一年級的時候，我是第一次聽到作文老師凡德博許（Jacob Vandenbosch）告訴我們上帝喜愛句子，而且非常在意我們怎麼寫作的那一刻，我當場成為這個信條的忠貞追隨者。絕大多數的時間裡，我愛極了那些真正的作家所寫出的句子，但這卻帶來一個麻煩：當我越喜歡他們的文句，我就越難寫出具有自己風格的句子。事實上，我一點都不喜歡那可以把文字隨意拾來就寫的作者。我喜歡那些非得在殫精竭慮後才能寫出文句的作家，甚至有時候，他們雖然不願卻還是不得不坐下繼續寫出更多文字。我想，大部分的作者應該都是這樣子。曾經有人問過威廉·史岱隆（William Styron）寫作《蘇菲的抉擇》時的情況，史岱隆回答說，那就好像用跪的一路從海參崴走到馬德里一樣。我聽到的時候，實在是感同身「痛」啊！

　　我的第一本書是關於一個非常重要、實際，也是我們時常對上帝發出的疑問：耶穌在兩千多年前降世為人，但是這個事實到底要如何在相隔這麼長一段時間後，仍然可以來改變、衝擊今日人類的生命？許多人的生命被如此深刻地改變，以至於他們稱之為重獲新生；然而這樣的說法，是否是誇大之詞？我在大學畢業論文裡針對天主教會和東正教對這個問題的回應提出批評。不過，在這類學術論文裡面，其實不需要提出正確解答，只需要解釋和批評其他人的答案就可以了。後來，我在自己的著作《一切都更新》（All Things Made New）裡，開始試著回應這個問題，並且探索使徒保羅提供給我們的答案。最終，我將這個觀念濃縮、精簡，稱之為「與基督聯合」。

　　根據使徒保羅所說，兩千年前發生的事情仍然影響著我們，但我們並不是與兩千多年前的基督聯合。的確，基督對我們來說不再是一個歷史人物，我們和祂之間也不再被時間分隔；祂成了賜人生命的聖靈，而聖靈使我們和基督聯合，這就使祂彷彿和我們存在於相同的時代中。聖靈，或者說基督的靈，連結了我們。也因此，當聖靈進入我們的靈裡時，事實上也等同於基督進入了我們的靈裡。阻隔在耶穌和我們之間的時間洪流，如今由聖靈填補了。

FORGIVE and FORGET
寬恕，是**真的可以**嗎？

　　當我在學校教授倫理學時，寫一些跟道德和道德選擇有關的東西，似乎就是理所當然的一件事。而其中一本和道德相關的書，便是《祇是道德》。我用了「祇是」這個字，以表示三件事情。第一，「祇是」這個字眼顯示出道德主要是用來規範日常生活中的事物，而不是那些自我犧牲、充滿愛，而且超凡的英雄舉止。第二，「祇是」這個字眼，也代表不論彼此間的信仰價值有多麼不同，道成肉身的神所呈現出來的人性，都是全人類能夠學習並且實際活出來的。第三，之所以稱其為「祇是道德」，是因為即便我們完全遵守道德的每一個法則，道德本身仍舊不具備任何拯救人的能力與恩典。

　　所以，雖然那不過是最低限度的道德，但仍舊是支撐每一個人類社會必要的骨幹，讓我們能夠過著符合上帝原本所設計、創造，具有理性的生活。除非我們能夠信任彼此誠實無欺，信任彼此都能信守約定，不偷竊他人財物，珍惜、看重彼此的性命，否則我們根本不可能建立任何人類社會。如果我們想要和平、安祥地共存，那麼，最低限度的道德就應該成為每一個人心中最基本的道德界線。

　　當我在寫《祇是道德》這本書的時候，還有一件事讓我印象深刻，那就是儘管道德律是如此清楚、絕對，卻沒有告訴我們該怎麼應對人生中遇見的每一種景況。我們現在生活的世界中，充斥著各種互相衝突的道德觀，社會中的道德觀有時甚至非常模糊不清。我們可能會發現自己面臨一個需要違背道德律的狀況，甚至在這個情

況裡，我們得去順從一個具有命令權的對象，逼使我們不得不打破道德界線。在二次世界大戰荷蘭被德國佔領期間，荷蘭人被迫面對一個道德困境，戰後我和朵莉絲住在荷蘭阿姆斯特丹的時候，荷蘭人還正不斷努力試著從這些影響中走出來。那時候如果你說實話，你就等於判了猶太人死刑；但如果你說謊，你反而可能救了他們一命。基督徒說了很多謊，但基督徒也救了很多條命。

接著，我又寫下另一本書《無慮——突破困境的秘訣》（How Can It Be All Right When Everything is All Wrong?），書名實在是長到根本沒有人可以記住或是記得正確。這本書的內容出自一系列的講章，我實在拗不過洛伊絲（Lois Curley）——這位可能是那個時代裡我所認識最棒的作家經紀人——的一再糾纏，最後才終於同意將之付梓。洛伊絲剛好聽過我的一系列夏季講台信息，在這些信息中，我提到了我英年早逝的朋友艾爾（Al Bulthuis）。洛伊絲詢問我是否同意把這些講章交由出版社出版，一開始我抱持著懷疑態度，我並不喜歡寫作，但卻喜歡我的東西被出版這個想法，於是，這本書就這樣誕生了。

這本平裝小書教導我，並且讓我明白一個作者在寫作過程中的經歷，其實和讀者在閱讀時的經驗非常類似。我是怎麼知道這件事的呢？那是因為在某個星期一的早晨，有個不知打從哪裡來的女士突然上門來找我，我還記得那時候覺得她聽起來有點歇斯底里。她

告訴我她是被一個極端無神論的父親帶大，後來，自己不但成了極端無神論者，同時也是極端的女性主義者。她繼續說道，上個週末她才在西雅圖對著一千兩百位女性演講，當她走下講台時，有人塞了一本小書到她手裡，她想也沒想地就把這本書順手塞進袋子裡去。隔天早上，她躺在後院躺椅上，一邊享受著忙碌週末後的清閒時光，一邊伸手進袋子裡想找出一包面紙，沒想到抓出來的卻是這本書。她說，她才讀了沒幾章就遇見了神。或者我們可以說，是上帝找到了她；她自己也不確定是哪一個。她問上帝，自己是否可以稱祂為父親，上帝回答：「我不在乎你叫我什麼，但我確定我會稱你為我的孩子。」沒錯，上帝可能與我寫作的過程同在；但更重要的是，祂和正在閱讀的人同在。這一次的經驗讓我知道，我是被上帝呼召來寫書的，而且我要寫得越簡單越明白越好，這樣我的蘇菲阿姨可以輕鬆地躺在床上閱讀；同時，我也要對我所寫的東西負上該負的責任，這樣當我的同事們閱讀時，他們也能夠尊敬我所寫的內容。

我還寫了《寬恕，是真的可以嗎？》（Forgive & Forget）這本書，這本書被《出版者週刊》評為是一本「跨越」之書。之所以說是「跨越」之書，是因為它不僅是學術界和普羅大眾之間的橋樑，同時也跨越了基督徒和一般讀者之間的距離。我其實並沒有刻意要當一個跨越型作者，不過對於這個結果，我並不感到意外。因為我本來就是具有「橋樑性格」的人，所以對我來說，寫出「跨越」之書實在是再自然不過的事了。

當我開始著手寫這本書的時候，我開始參閱其他關於寬恕這個主題的著作，但是我幾乎找不到什麼東西。的確，我可以找到不少出色的神學書籍，然而內容都是關於我們是如何得罪了神，然後上帝怎麼寬恕了我們；但是，這些完全無法幫助我們知道該怎麼寬恕得罪我們的人。時至今日，幾乎每一個月都有關於寬恕這個主題的新書上市；許多大學現在也都設有附屬機構，讓專家、學者可以進行臨床研究，探索寬恕會帶來什麼影響。相關的論文、研究也有許多。《寬恕，是真的可以嗎？》這本書是一塊被投入池塘中，激起漣漪的石頭，帶來的影響至今仍未停息。

　　這本書出版後的這麼多年中，我收到許多讀者的來信，告訴我這本書或多或少地拯救了他們的生命。每次讀著這些信件，都讓我對上帝醫治的大能有更多的認識。上帝寬恕我們的過犯，使我們的罪惡感也被祂醫治；同理，當我們寬恕人的時候，也讓他們從罪惡感中得自由。在這個過程中，我們也從過去被他們傷害的苦毒回憶中得到恢復。寬恕人和得寬恕，都能為我們帶來醫治。這就是我，和將近一百多萬名讀者從這本書中學到的道理。

　　不過我得老實說，讀者對《寬恕，是真的可以嗎？》，還有我的其他著作所表達的感謝與回應，的確對我有很大的幫助，讓我的靈裡對這份奇異的拯救恩典更為敞開。這些回應讓我確知，我是一個真正有價值的人，並且我也開始看見，那些覺得自己一無是處的感受不過是錯誤的扭曲。我可以看到，這些負面的感受並不是來自屬靈的眼光，而是由於我的心裡盲目。這個盲目，讓我非但沒有將心門向恩典敞開，反而是當著它的面把心門甩上。而在從這種病態的眼光得到恢復以前，我都無法打開這扇門讓恩典進來。

　　同時，《寬恕，是真的可以嗎？》在非基督教界中也很受歡迎，這個事實不但打開了我的眼睛，讓我看到自己的價值，也讓我更多地領受到上帝奇異的恩典。這麼說或許有些諷刺，是由於我先在靈裡發現到自己的價值，然後我才能真實地看見自己的罪惡感；也因為這樣，我才能打開心門，領受真正的恩典。我相信這不止是我個

人的親身經歷，也是許許多多人的經歷，有的人得先找到自己靈魂中的可愛之處，之後他們才能發現上帝恩典的美好。

　　對我來說，每當我完成一本書，都好像是經歷一個奇蹟。有一次，我正在校對剛寫完的一本書時，突然被一股神秘的感受抓住，我心想：我究竟是怎麼寫成這本書的。這些交錯纏繞的千頭萬緒，是怎樣變成這些彼此連貫的章節？我又是怎麼想到以前發生過的經驗，然後可以把它用來描繪、解釋這些抽象的概念？我的這些比喻是打從哪來的？我又怎麼知道要用這個形容詞、這個動詞或這些副詞？這些好句子是怎麼出現的？我一點頭緒也沒有。但有件事情我是知道的，就是如果沒有上帝的恩典，這些事情都不可能發生，於是我的心中湧出一股喜悅，我從椅子上滑下來，跪在地上，向上帝獻上我的感謝。

寬恕人和得寬恕，都能為我們帶來醫治。

這就是我，和將近一百多萬名讀者從這本書中學到的道理。

上帝寬恕我們的過犯，
使我們的罪惡感也被祂醫治；
同理，當我們寬恕人的時候，也讓他們從罪惡感中得自由。

國家圖書館出版品預行編目（CIP）資料

寬恕，是真的可以嗎？/ 史密德（Lewis B. Smedes）；黃欣蓉、蘇凱恩、亮光編輯部譯
--初版. -- 新北市：香港商亮光文化有限公司台灣分公司，2023.03
面；公分. --（心理勵志）
譯自：FORGIVE AND FORGET: Healing the Hurts We Don't Deserve
ISBN 978-626-96934-2-9 （平裝）

244.91   112003726

寬恕，是真的可以嗎？
治癒內心的傷痛

原書名	FORGIVE AND FORGET: Healing the Hurts We Don't Deserve
作者	史密德 Lewis B. Smedes
譯者	黃欣蓉、蘇凱恩、亮光編輯部
出版	香港商亮光文化有限公司 台灣分公司
	Enlighten & Fish Ltd (HK) Taiwan Branch
主編	林慶儀
設計/製作	亮光文創有限公司
地址	新北市新莊區中信街178號21樓之5
電話	（886）85228773
傳真	（886）85228771
電郵	info@signfish.com.tw
網址	signer.com.hk
Facebook	www.facebook.com/TWenlightenfish
出版日期	二〇二三年三月初版
ISBN	978-626-96934-2-9
定價	NTD$420 / HKD$138

FORGIVE AND FORGET: Healing the Hurts We Don't Deserve
by Lewis B. Smedes
Copyright © 1993 by Lewis B. Smedes
Complex Chinese Translation copyright © 2023
by Enlighten & Fish Limited Taiwan Branch (HK)
Published by arrangement with HarperCollins Publishers, USA
through Bardon-Chinese Media Agency

博達著作權代理有限公司
ALL RIGHTS RESERVED